蔣子駿　著

文史哲學集成

國民革命與臺灣之關係

文史哲出版社印行

國立中央圖書館出版品預行編目資料

國民革命與臺灣之關係 / 蔣子駿著. -- 初版.
-- 臺北市 : 文史哲, 民83
面 ; 公分. -- (文史哲學集成 ; 311)
參考書目:面
ISBN 957-547-850-9(平裝)

1. 中國革命問題 2. 臺灣 - 歷史 - 清領時期(1683-1895) 3. 臺灣 - 歷史 - 日據時期(1895-1945) 4. 臺灣 - 歷史 - 光復以後(1945 -)
005.5 83001288

⑪ 文史哲學集成

國民革命與臺灣之關係

著者：蔣子駿
出版者：文史哲出版社
登記證字號：行政院新聞局局版臺業字五三三七號
發行人：彭正雄
發行所：文史哲出版社
印刷者：文史哲出版社
台北市羅斯福路一段七十二巷四號
郵撥〇五一二八八一二彭正雄帳戶
電話：三五一一〇二八

實價新台幣三六〇元

中華民國八十三年二月初版

ISBN 957-547-850-9

自序

國民革命與臺灣的關係，導源於滿清政府之腐敗無能。清廷在甲午戰爭失敗後，將臺灣、澎湖割讓給日本，引起國內有志之士及臺灣同胞之氣憤與不滿，不但臺灣有志之士，組織義勇軍反抗，同時 國父就在這一年成立興中會，提出「恢復臺灣、鞏固中華」的主張，號召海內外愛國志士，團結奮鬥，推倒滿清政府，驅逐日寇，而達到「恢復臺灣，鞏固中華」的革命目的。

臺灣與國民革命運動，自始就息息相關，從無間斷。在辛亥革命之前，臺灣雖然也有不少次的抗日活動，但都是突發的，孤立的、零星的，與祖國沒有發生什麼密切聯繫。等到武昌起義成功，中華民國建立，臺灣的抗日運動才和祖國的力量遙相呼應，成為一個革命運動。因此，臺灣同胞抗日運動，更頻繁、更轟動，對日本的打擊也愈來愈大，這些都是受祖國革命成功，建立民國有密切的關係。

國父領導革命，首次在廣州起義是清朝滅亡與中華民國誕生的前奏，可以說也是清廷將臺灣割讓給日本而催生的。嗣後惠州起義，　國父親自蒞臺策畫及以後多次來臺，這些都可以證明　國父是多麼關心臺灣的革命運動。同時臺灣同胞，得到　國父精神的感召，而不屈不撓在島內掀起抗日運動，這些不能不說深受　國父來臺的影響。

國父逝世，總統　蔣公繼承革命，先後完成東征、北伐，使國家由分裂而統一，給臺灣同胞帶來無窮的希望。後來抗日戰爭全面暴發，不但祖國軍民奮起抗戰，臺籍青年潛回大陸，參加抗日行列，共同爲革命救國而奮鬥。經過八年艱苦抗戰，終於獲得最後勝利，臺灣因此重回祖國懷抱，實現我臺灣同胞多年願望。

抗戰勝利，國家元氣未復，中共乘機叛亂，致使大陸變色，因此政府播遷來臺，經過四十年的建設，國家已有雄厚根基，我們不應該氣餒，更應該加倍努力，克服困難，效法先烈先賢犧牲流血光復臺灣之精神，不分地域、省籍、種族，共同奮鬥，以期早日完成國家統一大業。

作者從事這方面之研究多年，先後撰有「羅福星與臺灣抗日革命運動之研究」及「辛亥革命與臺灣早期抗日運動」二書，今又撰「國民革命運動與臺灣之關係」。本書內容共分爲八章；第一章緒論，敘述臺灣與國民革命，自始都是息息相關，從無間斷。第二章臺灣與大陸的關係，無論是血緣、地緣、歷史和文化都是分不開的。第三章中國國民黨與臺灣之關係，無論是興中會、同盟會及中國國民黨各階段之主張，均以恢復臺灣爲主要目的之一。第四章　國父與臺灣之關係，　國父創立興中會與臺灣就有密切關係，收復失土是　國父革命之主張。第五章總統　蔣公與臺灣之關係，　蔣公繼承革命，光復臺灣及在臺之建設。第六章國民革命對臺灣抗日的影響，辛亥革命成功，鼓舞臺胞抗日信心而加劇，給日本很大打擊。第七章臺灣光復的經過與政府之建設，敘述臺灣光復的艱苦歷程，政府在臺之建設給國人帶來希望。第八章結論，共產主義破產，三民主義之成功，以臺灣民主、自由、均富去影響大陸，促其早日實現中國統一大業。

此篇拙作雖已完成，由於作者深感才疏學淺，如有疏漏或有不妥之處，尚祈先進、學者、專家，不吝予與指教是幸。

蔣子駿　民國八十二年光復節
序於高雄縣鳳山市黃埔六村

國民革命與臺灣之關係 目錄

插圖目次

國民革命與臺灣之關係

第一章　緒　論

從歷史的淵源來看臺灣，雖然在甲午戰爭之後，它就被無能的清廷拱手割讓日本，但國父孫中山先生在檀香山創立興中會時，對於失去臺灣之國土並未忘懷，並提出恢復臺澎、鞏固中華，作爲革命重要之目標。臺灣與國民革命運動，自始即是息息相關，從無間斷過。

甲午（西元一八九四年）這一年，在中國近代史上是個關鍵性的年代，清廷對日本作戰遭受慘敗，一方面暴露了清廷的弱點；曾國藩、李鴻章等所經營的「自強運動」並不足以禦侮自強；另方面卻刺激了全國志士仁人救亡圖存的意識行動—革命運動與維新運動都以甲午這一年爲起點，維新運動遭受清廷守舊派壓制後而失敗，革命運動，卻急劇發展壯大。在革命歷史上，甲午這一年更是國民革命的歷程起點；志切救國並心懷壯志的有識之士，開始在國父孫中山先生的號召下，爲中華民族的前途與福祉貢獻其智慧、力量，以及寶貴的生命。（註一）中日簽訂馬關條約，割讓臺灣、澎湖給日本，全國人民非常憤恨。於是　國父就在檀香山創立了興中會，以「驅逐韃虜、恢復中華、創立合衆政府」爲誓約，並聯絡中外有志華人，講求富強之學，以振興中華，維持國體，著重在號召國人救亡圖存。我們 國父倡導革命，爲了推翻滿清，建立民國及收復臺灣，還我故土人民。因此以光復臺灣爲國民革命主要目標之一。 國父在臺灣失陷這一年，就在檀香山創立興中會，當時發佈宣言，提出「恢復臺灣，鞏固中華」的口號，此後我們全國革命黨員，無時無刻無不本著 國父的主張、決心湔雪圖恥，全力光復臺灣。

圖一　丘逢甲遺像

當時反對臺灣割讓給日本，並不以臺胞爲限，清政府的有力人士，如翁同龢、重要疆吏張之洞等也有同樣的主張。（註二）另臺灣工部主事丘逢甲領導義民在臺掀起抗日運動，不幸丘氏在臺灣北部領導抗日失敗，偕同家人返回故里—廣東，離臺時曾悲憤賦七絕詩六首，這六首詩絕句如下：

宰相有權能割地，孤臣無力可回天；
偏舟去作鴟夷子，回首河山意黯然！
虎韜豹略且收藏，休說承明執戰郎；
至竟虬髯成底事，宮中一炬類咸陽。
捲土重來未可知，江山亦要偉人持；
成名豎子知多少？海上誰來建義旗！
從此中原恐陸沉，東周積弱又於今！
入山冷眼觀時局，荊棘銅駝感慨深。
英雄退步即神仙，火氣消除道德篇；
我不神仙聊劍俠，仇頭斬盡再昇天；
亂世團圓骨肉難，弟兄離別正心酸；
奉親且作漁樵隱，到處名山可掛單。

此六首絕句，讀後眞是感慨萬千，情景淒涼。雖無英雄末路的悲哀語，但他那倉皇拋別

故土的情懷，是溢於言表的。（註三）

當　國父在檀香山成立第一個革命組織的興中會時，即提出「恢復高臺，鞏固中華」的主張，這是國民革命運動以光復臺灣爲主要目的之一的基本政策，當時的革命黨人，對於光復臺灣，不僅只有雄心壯志，並且還有實際行動。例如一八九五年，興中會會員楊心如在廣州起義失敗以後，即來臺北活動，隔了兩年，即一八九七年，　國父的重要幹部陳少白也到了臺灣，得力楊氏協助，並在臺灣設立興中會分會，展開了革命活動，到了一九〇〇年，國父爲了策應惠州起義，且曾親臨臺灣有所謀畫。有關這些史實，不僅說明了國民革命運動與臺灣之關係的直接與密切，也是證明以後臺灣抗日運動，不再似以往的孤立，而成爲全國國民革命運動的一部分了。

到了同盟會成立之時，國民革命運動再度進入高潮，影響所及，臺灣人士亦多聞風起義，積極展開抗日運動。如一九〇七年新竹人蔡清琳在北埔舉事時，即聲言得到祖國的援助，其後辛亥革命成功，推倒滿清政府，中華民國建立的時候，這種革命勢力的勝利，更予臺灣人民以莫大的興奮與鼓舞。（註四）

在　國父孫中山先生領導革命初期以推翻滿清、建立民國爲主要目標，歷經十次起義的失敗，至辛亥武昌之役，才建立了中華民國，對於淪陷的臺灣，一時無力過問。但祖國革命成功，曾使臺灣人心大爲振奮，受祖國革命之影響，在臺各地抗日事件，時有發生。尤以羅福星的苗栗抗日事件，最爲轟動，亦最爲壯烈。羅福星原籍廣東，移居苗栗，夙從　國父參加革命。辛亥革命成功後返臺，即秘密組織中國革命黨支部，加入者甚衆。於民國二年三月發表宣言起事，不幸事敗，爲日人所拘捕。其同志張火爐、謝德香等分別於大甲、大湖等地響應，亦被捕入獄，死難株連者累累。苗栗事件之翌年，　國父經臺赴日，因日人加以嚴密監視，僅獲晤同志翁俊明氏，翁氏以後與蔣渭水等秘密在臺從事革命工作，漸次與祖國革命運動組織發生聯繫。其後翁俊明在臺成爲中國國民黨的負責人。

民國創立以後，日本帝國主義支持袁世凱稱帝，以訂立賣國條約二十一條爲交換條件，引起國人普遍不滿，同樣的我臺籍愛國志士對袁世凱之行爲都感惡痛恨。當時杜聰明和翁俊明兩位志士憑著一股年輕人的血氣方剛之勇，竟欲去北京謀刺袁世凱，但用什麼方法謀刺呢？他們讀報知道國內每年有「ニレラ」病流行，飲食物是爲傳染中間物，當時知道臺北市水源地是由新店溪水濾過供應，水源地之蓄水池是開放式，任何人都容易接近。在如此情形下，我們學醫的青年，就有人建議以「ニレラ」菌放入北京蓄水池來毒死袁世凱，大家贊成此妙計。其次要推舉實行人，有志者募集旅費，關於實行人蔣渭水君就是最熱心主唱者之一，結果推舉翁俊明、杜聰明二人。杜氏曾讀過細菌學又擅長各種病菌培養，同時他又對細菌學特別感興趣，他在學生時代，利用暑假休暇，就特別往臺灣總督府研究所細菌研究室作細菌培養，純粹培養各種細菌，亦可盜出「霍亂菌」等之情況，當然，此行非杜氏莫屬了。

當時大稻埕區區長黃玉階先生亦贊成翁、杜二人之行。此行前杜氏向他母親報告，利用夏季休暇要往日本旅行，獲得他母親准許。他們二人準備行李，帶著培養細菌器具、試驗管及「霍亂病菌」裝入瓶內。民國二年夏天七月，就乘信濃丸爲三等船艙離開基隆，照當時的計畫，自臺灣直接往大陸須要護照。要請政府許可，但自日本往滿洲不須要護照。所以他倆四日後登陸神戶，先往大阪市上本町，在一旅社宿住幾天，購買紅皮大本北京旅行案內書，研究北京市內地圖及調查經過大連路程完了後，自神戶乘大阪商船二夜三日抵滿洲大連港登陸。大連醫院院長尾見薰元是臺灣總督府醫學校外科教授，所以幾位卒業生追隨尾見院長來大連醫院奉職，孟天成是最先輩，已經來大連醫院多年，剛剛辭職受聘爲小岡子私立宏濟醫院院長，還未就職，我們就往訪他，在他公館宿住幾天。嗣後由大連出發往奉天大北關，在醫學校卒業生邱鳳儀公館又住幾天，當時奉天市還未有電車，是用馬車當交通工具，再自奉天乘火車經山海關入北京。抵北京宿住日本旅館，自翌日起，二人就照所持的地圖研究市街及水源地狀況，才知道與臺北所想像的完全相反，水源地不是開放式，而且警備嚴密，無法可以投入霍亂細菌，又經過數天，感覺到對我們的行動有人在後面跟踪。所以二人感覺到身有危險，不得已離開北京，乘火車到上海，再乘大阪商船回臺灣。（註五）他們二人千里迢迢去北京毒死袁世凱，雖然沒有成功，但其勇氣和這種精神之表現，實爲國人所敬佩。

民國十四年三月十二日，　國父孫中山先生逝世，北京大學臺灣學生會曾有一對輓聯：「三百萬臺灣剛醒同胞，微先生何人領導，四十年祖國未竟事業，舍我輩其誰分擔？」訃音傳至臺北，臺北曾舉行追悼會，到會者達五千人左右，會場僅能容三千人，餘均在場外於大雨淋漓中致敬，自早上七時至十時，無有退席者。日政府對於追悼會的舉行，多方壓迫，禁止誦唱弔詞中有說：「唉！大星一墜，東亞的天地忽暗淡無光。四萬萬的國民，此刻爲了你的逝世哭喪了臉。消息傳來，我島人五內俱崩，如失了魂魄一樣，西望中原，禁不住淚水滔滔了。」由此可見受　國父革命精神之感召，已是彼此融合一起了。（註六）

國民革命是始終奉行　國父光復臺灣的遺志，許多眼光較遠的青年，身體力行參加興中會、同盟會及中國國民黨，從事抗日運動。他們深深體會到臺灣的抗日革命運動必須與祖國的革命運動聯合在一起，才能獲得具體的結果。要光復臺灣，唯有先致力於祖國國民革命的成功。於是許多有志氣有抱負的臺灣青年，不惜冒各種生命危險，長途跋涉返回大陸，投身於祖國的國民革命的行列中，負起各種艱鉅任務。嗣後七七對日抗戰戰爭爆發，中日之間的宿仇舊恨，總算到了清算的時候了。至此臺灣與祖國的國民革命運動，在事實上與行動上都發生了血肉的相關聯繫，這一場賭國運的生死戰爭，對於臺灣同胞的命運，關係太大了。

抗戰軍興，對於淪陷已久的臺灣，帶來新的希望，全島爲之震動，爲日人壓制已久的臺胞，紛謀響應，日人除加強鎮壓外，並輔以「皇民化」政策，驅使臺胞赴海外作戰，各種團體活動雖皆被迫停止，但知識份子分別暗地策動，展開反「皇民化」、反抽調軍伕、徵兵、進行罷工……等消極抵制。至於居留大陸上之臺灣青年，多數參加本黨，組織各種抗日革命團體，進而聯合組成臺灣革命同盟會。臺灣黨部設立於福建漳州，繼遷永安，廣泛吸收臺灣籍黨員，策動日軍內之臺籍士兵反正。在東戰場組織臺灣義勇隊、少年團、醫療隊、服務隊等，參加抗日工作。臺灣革命同盟會舉行第三屆代表大會時，向國府提出建議，建立臺灣省治、成立臺灣光復軍、黨團組織及參加參政員四項，充分表達「返本歸宗」的要求。（註七）

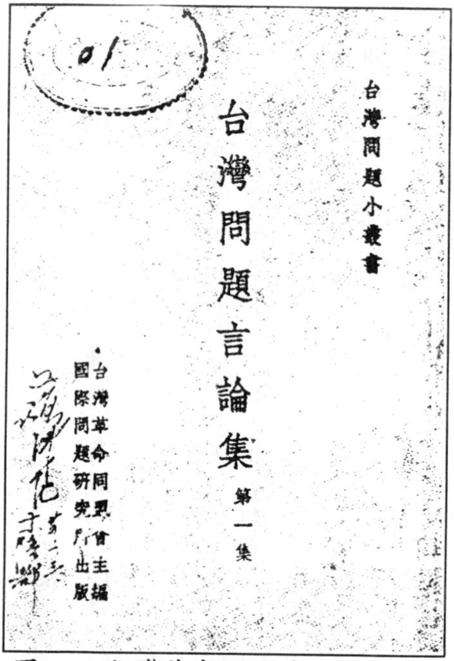

圖二　臺灣革命同盟會所編的「臺灣問題言論集」，致力於光復臺灣的宣傳。

圖三　參加祖國抗戰的臺灣義勇隊附設臺灣醫院

總理孫中山先生逝世後，總裁　蔣公繼承革命。他在第一次東征棉湖大捷時，驚聞　總理逝世惡耗，悲痛幾絕，決定負荷重託，繼續領導國民革命。在他領導下，並未負國人衆望及　總理遺志，先後完成東征、北伐大業。

民國二十六年七月七日蘆溝橋事變，日軍侵華，掀起全面抗戰。民國二十七年四月一日中國國民黨在武昌召開臨時全國代表大會時，總裁　蔣公在大會發表演說中，即重申光復臺灣的決心。他說：「爲達成國民革命，遏止野心國家擾亂東亞的企圖，必須針對著日本積極的陰謀，以解放高麗及臺灣人民爲我們的職志，這是　總理生前所常對一般同志講的。總理的意思以爲我們必須使高臺的同胞能夠恢復獨立自由，才能夠鞏固中華民國的國防，奠定東亞和平的基礎。」到二次世界大戰爆發時，當時外交部又對中外記者鄭重聲明：「我國戰後決定收回臺灣、澎湖及東北四省等地。」政府這種決心，自然鼓舞了在國內從事國民革命的臺灣青年志士的信心，加倍努力，在八年抗戰中，舉國上下爲了挽救國難，光復失土，流血流汗艱苦奮鬥。在總裁蔣公英明的領導之下，終於獲得了光榮的勝利。日本敗降，臺灣光復，經過半個世紀的淪陷，臺灣也隨著國民革命運動的勝利而重回到祖國的懷抱（註八）。臺灣青年志士及大陸同胞直接參加此一階段的國民革命運動，均感到無限的高貴和光榮。

【附　註】

註一：慶祝第三十六屆臺灣光復節特刊，中央日報編，民國七十年十月二十五日，第十四版。

註二：蔣君章著：臺灣風雲人物，中外圖書出版社，民國六十四年十二月初版，頁一七。

註三：同前註，頁三二。

註四：謝東閔等著：國民革命與臺灣，中央文物供應社出版。民國六十九年五月五日，頁三五—六。

註五：中國國民黨黨史會編，國父孫中山先生與臺灣，民國七十八年版。頁二〇三－二〇五。

註六：同註四，頁四。

註七：同前註，頁三。

註八：同前註，頁二三八。

第二章　臺灣與大陸的關係

第一節　血緣的關係

當前居住臺灣的人口已超過二千萬，這些人口的籍貫分布全國各省都有，故其血緣有不可分的關係。連橫在臺灣通史曾云：「臺灣故國也。其於中國，視朝鮮，安南爲親。」（註一）又云：「臺灣之人，中國之人也，而又閩粵之族也。」（註二）雖然他們來臺的時間有先後，但其過程與中國歷史變遷有密切關係。山胞來的最早，時間已難確定。閩粵人自明季大批來臺，雍正時，中國海禁稍開，來臺閩胞據歷史記載，此一時期多達百萬以上，是大陸同胞來臺的最盛時期。（註三）再者，民國三十八年，中共竊據大陸，政府播遷來臺，追隨政府之軍公教人員及善良的百姓，不下兩百多萬，因此，大陸各省前來臺的同胞，更爲普遍。

一、早日來臺的山胞

臺灣何時始有人類居住？有關這個問題至今尚未能確實知道。但就地質學的觀點看，臺灣曾與大陸相連，位於大陸的邊緣部，相信遠古時期就有生物和人類。民國五十七年底，國立臺灣大學宋文薰、林朝棨兩教授在臺東縣、長濱鄉發現先陶文化層，便證實了臺灣於更新世，已有大陸遷移來的人棲息，過著狩獵漁撈的生活。有關臺灣新石器時代文化之研究，已有七十多年的歷史，發現遺跡超過一千多處，這些先史的文化，據宋文薰教授等考古學者之研究，部分與現在所謂「山胞」有關，惟究那一文化與那一族有關，尚難確定。臺灣的土著（山胞）現在有一個族群，即泰雅、賽夏、布農、邵、鄒、魯凱、排灣、卑南、阿美和雅美。他們都屬於Proto Malay系統，其語言同屬Malio Polynesiano他們可能早自四、五千年前，一直到公元後數世紀，曾分有幾波移入臺灣。（註四）

以前的東西洋學者，多是認爲臺灣土著族（山胞）來自馬來群島。我國民族學家凌純聲曾研究西南民族有年，民國三十八年秋，他到臺灣以後，到山上工作，所到的地方，看到臺灣土著族（山胞）的民情風俗和大陸上的西南民族相似，大有舊地重遊之感。（註五）日本民族學家馬居龍藏在清光緒二十九年（西元一九〇三年）到我國西南各省調查苗族，曾說臺灣土著是新入的馬來系。而凌純聲的研究認爲臺灣土著不是新入的馬來系，而是越濮民族。

越濮民族，住在大陸東南沿海一帶，古稱百越，散佈在西南山地，則稱百濮。臺灣土著族，多屬百越，很早即離開大陸，遷入臺灣孤島，後來和外界隔絕，所以能保存他們固有的語言文化。越濮民族的百越系，古代在大陸，人口衆多，分佈綿長，從交阯到會稽，七八千里，勢力很大，可與中原之華夏分庭抗禮。但華夏系的文化較高，百越系一部分留居原處，受到華夏的同化而消失，一部分退向南方，進入南洋，成爲現今土著的印度尼西安民族。凌氏舉出十種文化特質，祖先崇拜、家譜等……證明中國古代的百越系和現今南洋土著的印度尼西安民族—原馬來族是同一文化系統的民族。因此，印度尼西安民族，其祖先起源於中國大陸。（註六）

另一民族學家衛惠林研究的結果，認爲我們一方面自應拒絕多數過去學者之全馬來說，也不完全強調全大陸說；而主張至少應分新舊與南北兩系，山地各族，尤其是北中部山地各族，爲大陸舊文化（東夷遼越文化）系統。東部與平地各族爲南島系文化（印度尼西安文化）系統。自然我們可以假定，以中國大陸爲整個東南亞，甚至太平洋文化的搖籃，則南系各山地族，也不能講其與大陸無關。（註七）

據現已發現的地下文物來研究，最早可以推至商代，或者更早。民國五十三年，臺北縣文獻會在八里鄉八岔坎發掘的石器與圓山所發現的古物，與大陸發現殷商古物，屬於同一類型。因此，我們可以肯定臺灣山胞是殷商以前由東海岸來的。五十八年臺灣大學考古學家在臺東長濱八里仙洞發現舊石器、陶器及骨器多件與大陸周口店所發現的古物相似，此爲在臺灣首次發現的舊石器，據考古學家李濟所作的結論，足以證明臺灣有人居住是東部開始，可以溯至一萬年以前。（註八）因此，我們更肯定的說，臺灣最早的居民山胞，是從大陸來的。

日本考古學家金關丈夫，在民國三十二年，也確定山胞與大陸的淵源是極早的、極深的。日本另一考古學家鹿野忠雄也說：「臺灣先史文化的基層，是中國大陸文化，此種文化是分數次波及臺灣的。」（註九）

總而言之，臺灣的山胞，經過中外考古學家研究，都認爲臺灣山胞之文化與中國之文化淵源極深，因此可以確定他們是我國的炎黃子孫，與中華民族的血緣是密不可分的，雖然異地而處，但同是一家人。

二、明清閩粵同胞大量來臺

我國東南沿海的福建和廣東兩省，山多田少，居民生活不易，但是良港很多，所以大多向海外發展。臺灣較近，更易前往。宋元以來，已有民衆渡海來臺，明代嘉靖萬曆年間，來臺的人數逐漸增多。到了天啟年間，顏思齊和鄭芝龍相識，經商議共同去臺灣開發，時臺灣

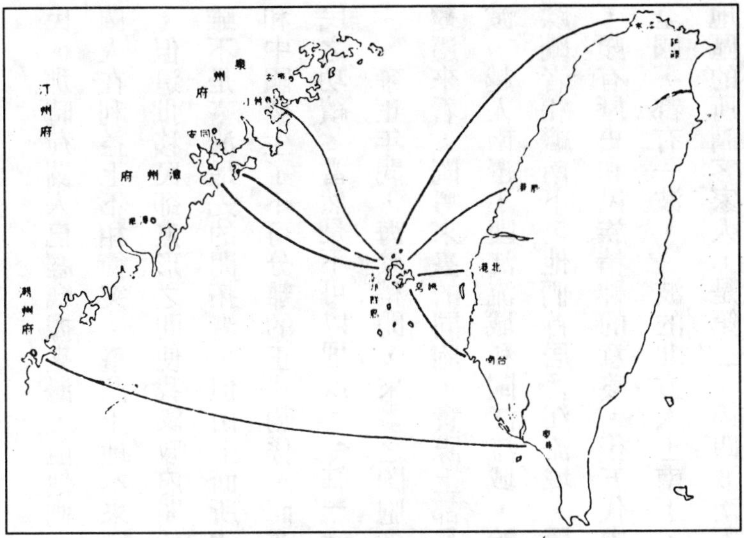

圖四　漢民族移台源流圖

雖已有漢人前往開發，但大多數的地方仍是由平埔族佔據著，顏氏等在臺灣安頓好了後，起初是把臺灣當作一個落腳的地方，並未深入腹地去求發展。後來在諸羅山（今嘉義市）一帶安撫了平埔族，自己建築起山塞來，分汛所部耕獵。於是在福建的親友都知道顏思齊、鄭芝龍等在臺灣，他們紛紛乘船先後來臺，聚落成村，幾近千家（註一〇）。

崇禎三年，福建旱災非常嚴重，一時饑民遍地，政府想不出救濟辦法。鄭芝龍建議巡撫熊文燦把飢民移居臺灣，每人發給銀子三兩，三人給一頭牛。這樣總算解決了飢民問題，也造成了我國政府第一次有計畫的大規模對臺移

民。那時荷蘭人已經竊據臺灣，但他們人少又著重於從商。移來的飢民卻在荒野開墾，同荷蘭人在利益上不相衝突。臺灣土地本來肥沃，南部可以一年三熟，居民也樂意長久居留下來。但這批移民卻無形之間使我國政府開始正式的認定臺灣是中國的領土了。顏思齊、鄭芝龍雖不是臺灣最先的開拓者，但由上面所述我們可以明白地了解，從他們來到臺灣後，臺灣才和中國發生了不可分離的正式關係，而在臺灣開拓史上，他們二人的行爲暫且不說，而其移民之功績，當然是不可以埋沒。（註一一）

雍正年間，海禁稍開，來臺之閩胞多達百萬以上，這是大陸移民最盛的時期。從歷史的變遷來看，閩粵來臺的同胞，實際上都是輾轉一波又一波從中原遷來的。戰國晚期，越被楚滅，越人南遷，甌江流域和閩江流域，始逐漸開發，五胡亂華，黃河流域大亂，不甘受胡人蹂躪者相繼南下，他們首居晉江流域。晉江所以稱晉，是中原晉人爲了紀念中朝而特予命名，頗有歷史和民族精神的意義。後五代中原大亂，又有一批義民南遷，元人南下與清人統治全國，都有一波，一波的北方人士南下，分別居住於贛南、閩南、粵東等地區，九龍江下游地區的所謂客家人，是第三、第四波南下的中原人，他們都富有抵抗精神、冒險犯難精神與創業精神。我們看元人南下與清人南下，抵抗最激烈和作戰最勇猛的便是閩南與粵東區。清師入閩，鄭成功違父命，焚儒衣，在沿海地區糾合民衆反清，不期而成大軍，更足證明這一帶居民的民族精神。鄭氏入臺，把此種精神帶來，鄭氏亡後，大批追隨鄭氏來臺的閩南、粵東籍的人民，也都富有此種精神。他們在臺，不斷的起義抗清。（註一二）後來日人據臺，反抗更烈，幾乎每年都有抗日事件發生，把民族精神發揮到最高點。大陸同胞來臺，一方面爲了創業、擴展生活領域，一方面不甘受異族暴君之統治，在臺建立復興基地，爲恢復漢室而奮鬥。因此大陸同胞歷經各代，一波又一波的渡海來臺，先民義胞在臺經營很多世紀，才有今日成果。民國三十八年，中央政府爲了反抗共產暴政，由大陸播遷來臺，政府在臺灣經營了四十多年，不但在臺灣發揚先民義胞的創業精神，更創造了史無前例的光輝成果。

三、早來、晚來都是炎黃子孫

連雅堂先生的「臺灣通史」自序有云：「洪維我祖宗，渡大海，入荒陬，以拓殖斯土，爲子孫萬年之業者，其功偉矣！」（註一三）早期之先民，渡海冒險來臺，在此立功，此種偉業，我們後世不能忘記，更應發揚光大，才不愧爲炎黃子孫。臺灣同胞和大陸各省一樣，都是炎黃後裔，都是中國人。關於臺胞祖先的來源，大多雖是由閩南、粵東來到臺灣，其祖先還是來自中原，以楊緒賢先生所著之「臺灣姓氏堂號考」記述，民國六十七年統計顯示出，陳、林、黃、張、李、王、吳、劉、蔡、楊等姓，列爲十大姓，這十大姓的人口合佔當時一千七百多萬人口中的百分之五十二點五，其中陳姓人口是一百八十五萬零四百二十三人。林姓人口爲一百三十八萬一千七百一十三人，大約陳、林兩姓各佔臺灣人口百分之十。臺灣諺語「陳林半天下」，是有它的緣由。

十大姓之外，許姓爲第十一大姓，鄭姓屬第十二大姓，謝姓爲第十三大姓，郭姓屬第十四大姓，洪姓爲第十五大姓，邱姓屬第十六大姓，曾姓爲第十七大姓，廖姓屬第十八大姓，賴姓爲第十九大姓，徐姓屬第二十大姓。這二十大姓的先祖入墾臺澎，都始自明代末期，各姓無不競相誇耀自己的悠久歷史。

臺灣諸多姓氏歷來在全省各地建立祠堂，供奉祖先，大則稱爲宗祠、家廟，小則叫做祖廟、祖廳、公廳，以示不忘木本水源，跟大陸上古往情況無分軒輊。（註一四）從以上歷史及各姓氏之事實看，足可證明，臺灣的居民，無論是山胞、閩籍、客家，其來源均是來自大陸。再由連雅堂先生所著之「臺灣通史」文字上看及本省各姓氏宗祠內之文物史蹟來估計，我們可以確知，非但具有歷史文化傳承的親密關係，更是血肉相連脈絡一貫，中華民族歷史的臍帶，剪也剪不斷，中華傳統文化的胞衣，分也不分開，如今都已在臺灣承傳和發揚。

【附　註】

註　一　連橫著，臺灣通史，臺北、幼獅文化事業公司印行，民國六十八年八月四版，頁一。

註　二　同前註，頁四六五。

註　三　蔣君章撰：從血緣看臺灣與大陸。中央日報，民國七十年十月二十五日，第十五版。

註　四　黃富之、曹永和主編，臺灣史論叢，臺北，衆文圖書有限公司印行，民國六十九年四月初版，頁四〇。

註　五　黃大受著：臺灣史綱，臺北，三民書局印行，民國七十一年十月初版，頁七。

註　六　同前註，頁八。

註　七　同註五，頁九。

註　八　同註三。

註　九　同前註。

註一〇　同註四，頁一六〇。

註一一 同前註，頁一六三。
註一二 同註三。
註一三 同註一，頁一四。
註一四 林衡道／口述，鄭木金／紀錄，臺灣史蹟源流，臺北，青年日報發行，民國七十六年二月出版，頁六五三。

第二節 地緣的關係

臺灣今天雖然是屹立在中國東南面海上的一個大島，表陸上與大陸是分離的，但根據地質學家之研究，早在先史時期卻是與我國大陸相連接在一起。在地質學方面，近年發現臺灣的基盤地層，乃係在大陸相同的地塊，在古生代的晚期，即在二億二千萬年以前，那時華中、華南還是一片汪洋大海中的弄潮兒，四無依靠，屹立在大東海（包括華中），大南海（包括華南）外，面對無邊際的太平洋。可是到了中生代，華中、華南自海洋中升起，形成了現代的大陸，臺灣和大陸就連接在一起。（註一）後來由於地球的變化，經過很多次的離合，終於有一部分陸沉了，而形成了今天我們看到的海島面貌。最近幾十年來，臺灣的考古學家，在臺灣西部所發現的很多大陸性野獸化石，諸如大象、犀牛、劍虎等許多大型哺乳動物的化石，便可證明此種史實。（註二）因此從地緣上可看到臺灣與大陸早期的密切關係。下面再從地質、地形、地理等方面分析臺灣與大陸進一步之關係，作爲研究臺灣與大陸地緣關係之憑據。

一、從地質方面言

根據地質學家分析，華中、華南各地「古生代」晚期的海相地層中，絕大部分是石灰岩，而臺灣「大南澳片岩」也有很厚的石灰岩層。「大南澳片岩」，在臺灣露出的地方，是中央山脈主分水嶺的東坡。結構的成分，以石臺、石岩、雲母片岩、綠母片岩、石英片岩及大理石岩等爲主。其中大理石岩內又含有紡錘蟲（蜓類）的擬紡錘蟲、希氏蟲、新希氏蟲和珊瑚的瓦氏珊瑚等。這一些蟲的化石與珊瑚，曾在大陸華中、華南二疊紀的棲霞期至茅口期地層中普遍出現。分佈地區，包括太魯閣峽、蘇花公路一帶，經過悠久歲月的凝鑄，如今都成爲質硬紋美的大理石，因此，可以斷定臺灣「古生代」晚期的海，和我國中部、南部的海，不但波濤相接，而且還是產生同樣的紡錘蟲和瓦氏珊瑚，甚至連海的性質與氣候的狀態，也沒有多大的差異。（註三）

到了「中生代」時期，臺灣發生了劇烈的地殼變化，地質學的名詞叫做「南澳運動」。大南澳片岩受了這個運動的褶皺，以及基性與酸性岩漿的伴同活動，臺灣遂得光合陸化，成爲陸地侵蝕而成的礫岩層，亦即是M礫岩。「南澳運動」的發生，與大陸的「燕山運動」幾乎相同，地質年代，是由侏羅紀到堊紀，而白堊紀的活動，轉之侏羅紀更爲激烈。當M礫岩形成的時候，大陸與臺灣連接爲一個整體，中間並無任何海相地層的堆積，是謂「太魯閣大陸期」。而大陸華中、華南的海，經過「燕山運動」，也成爲乾陸，海水浸淹的現象，從此消除。此後，臺灣的沉降與升起，可以說是時斷時續的，最後一次的分離，地質學家測定，是在五千四百年前。近世紀來，臺灣西部出土了很多犀牛、劍象、野牛、普通象、劍虎、野豬、古鹿等大型哺乳類動物的化石，就是在臺灣與大陸尚未分離前源源移入的。（註四）當時臺灣海峽和東海的大部分尚未凹陷，大陸和臺灣是完全連在一起的。

溯自兩億多年前，臺灣海中因造山的作用，由海底褶曲隆起而成爲一個海島。在這兩億多年中，臺灣不停的變化著，有時成爲海島和大陸分開，有時則與大陸相連，亦即臺灣海峽的海水全退回，或臺灣海峽都上升而露出水面，從臺灣的西部發現許多野獸化石，如犀牛、野牛、大象、野鹿、劍虎等與大陸發現的野獸化石相同。根據學者研究，其地質時代乃第三世紀最末的上新世至第四世紀初期之間，原來第四世紀初期，東南亞曾發生普遍的地殼隆起

，海水向太平洋退卻，大陸與臺灣完全相連，甚至菲律賓與臺灣據推測亦有陸地可通。（註五）

就地質學的觀點而言，臺灣是大陸的一部分，而位於大陸的邊緣部，此項事實可以由地殼的性質、地史、古生物群、地層的性質、火成岩的性質及臺灣海峽的地質各方面研究的結果，而得到解答。申言之，根據地質學和物理學的研究，得知，臺灣的地殼大部分呈現大陸與海洋的中間性格，這是臺灣與大陸原屬連體，東海岸才是大陸邊緣部的證明。

進一步研究，臺灣與大陸分離的時間，雖在一萬年間，第四冰期結束而進入後冰期之時。如果第五冰期來臨，極地冰源擴大，海水量減少，臺灣和大陸又會完全重行相連。亦會有澎湖與臺灣的陸地連接，一直維持至距今六千二百年前，而澎湖群島南部與福建之間，直至五千四百年前，尚有一條經過臺灣礁的陸地連繫著，如此來看，臺灣與大陸在地緣上確是有其不可分性。（註六）

再進一步從地質學方面探討，近年發現臺灣的基盤地層，乃係與大陸相同的地塊。在北港鑽探於深處時，發現臺灣從未發現的侏羅紀菊石化石，此爲與大陸地層岩同屬一類，其後遷至澎湖、八卦山、觀音山等都發現類似的基盤地層。證明臺灣本島的沉積情形乃係屬於大陸東方延申範圍之內。另外在本島組成的材料方面，根據礦物成分研究，其中部分乃來自福建、浙江兩省的酸性火成岩體。故從地質歷史追尋並可發現臺灣與大陸之間有其密切的關係。（註七）總而言之，臺灣與大陸就地質而言，原爲一體，以地緣而言，二者的確有密切不可分的關係。

二、從地形觀點言

中國大陸位於歐亞大陸的東部，大陸邊緣地帶常有寬在一百至二百公里，深在二百公尺以內的淺海地帶，通稱爲「大陸架」或「大陸棚」，其實「大陸架」地帶並非是爲礁石所組成。因此，名稱習用以久，「大陸架」或「大陸棚」均可通用。按照一般慣例，大陸礁層，應屬於大陸國家領土範圍之內。在我國史書上則沿用「大陸礁層」一詞。據近年石油地質學家研究，大陸礁層地區往往成爲可產油地帶，備受各國注意，數年前臺灣東北海域內之釣魚臺，無論在歷史上與地理上，都是屬於我國的領域，由於此海域蘊藏豐富的油田，當時一度引起外國野心家對此海域的覬覦，曾發生了國際糾紛，互相爭執，迄今尚無合理解決。臺灣島的地形與地質上的位置也是在中國大陸礁層東緣之上，在自然環境上，兩者應爲一體，其關係相當密切，當然就無法分離。

另外臺灣東部的海域地形與臺灣海峽情形大不相同，東岸外海，海底形成爲一個顯著的斜坡，向太平洋深處傾斜。在短短的距離內即行深至二千公尺以上。相似的傾斜坡分向南，北方延伸。所知在北面者經琉球直至遼東半島的外海，南面菲島附近至中國南海。這一顯著的通底斜坡，稱爲大陸坡，成爲東亞大陸與太平洋海盆的明顯分界，因此，臺灣的地形系統是在大陸坡以西，大陸礁層上的海島。（註八）

本島形如紡錘，北由富貴角，南至鵝鑾鼻，全長三百九十公里，東起秀姑巒溪口，西至濁水溪口，寬一百四十公里，中央山脈稍偏東縱橫全島，全長三百四十公里。影響臺灣地區的三大要素：一爲緯度，即攝氏二十度以上的年均温度。二爲冬季的東北季風。三是夏季的西南季風，北赤道洋流經巴士海峽北上，主幹向臺灣東海岸北流，支幹則經臺灣海峽北流，到臺灣北部海面，再行滙合。

三、從地理方面言

臺灣地區包括臺灣本島及附屬島嶼十四個，澎湖群島六十四個島嶼，釣魚臺列嶼八個島嶼，依照內政部公布，全臺灣地區面積三萬五千九百八十一平方公里，但是由於海埔地不斷的向西生長，依師大地理系臺灣土地利用調查研究計畫計測結果，面積則爲三萬六千一百零三平方公里，臺灣雖爲我國最小的一省，面積只佔全國總面積三百分之一，但卻爲我國最大島嶼。位居我國大陸棚之東南緣，本島與福建相距約一百五十公里。位於中原時區內，略於長江三角州同經，粵江流域同緯。（註九），東西所佔的經度，有二度五十六分二十二秒。南北所佔的緯度，有三度五十二分二十八秒。北回歸線經過嘉義的南面，臺灣四面經緯度是：

極東（基隆市棉花嶼）東經一百二十二度六分二十五秒。

極西（澎湖縣花嶼）東經一百一十九度十分三秒。

極南（屏東縣七星岩）北緯二十一度四十五分二十五秒。

極北（基隆市彭佳嶼）北緯二十五度三十七分五十三秒。

依照師大地理系計測，平均高度六百六十公尺，坡度十五度四十分，山地、丘陵、平原的比例三比四比三。其實在臺灣四周這一大片水域，在臺灣海峽一帶，平均水深只有五十公尺到一百公尺。根據地質學家林朝棨研究，臺灣是中國大陸的一部分，也就是以大陸爲根生的一個島嶼。（註一〇）從地理的位置看，就可知臺灣與大陸的密切關係。

「福州鷄鳴，基隆可聽」從這一句諺語來看，雖然這一句話不是事實，但可以說明臺灣與大陸之關係，臺灣的地理位置，雄峙於我國大陸的東南海上，是我國沿海第一大島，東部面臨太平洋西邊的海溝，約二千公尺深，南部面臨巴士海峽和呂宋島對峙，約距三百公里，西面隔臺灣海峽和福建省相望，相距不到二百公里，離福州最近，成縮轂之勢，東北則接琉球群島，從基隆到冲繩，不過六百公里，從蘇澳到垣島，只有二百二十公里。

臺灣本島地形，東西狹而南北長，略似紡錘，又像芭蕉葉，南北長三百九十四公里，東西最寬一百四十四公里，可是海面的範圍比較廣闊，交通無論是海運或空運，非常發達，可以說，臺灣是我國最重要的一個島嶼，在我國地理位置上最爲重要。

【附　註】

註　一　陳冠學，老臺灣，臺北，東方有限公司印行，民國七十年九月初版，頁一。

註　二　林道衡口述，鄭木金紀錄，臺灣史蹟源流，青年日報發行，民國七十六年二月出版，頁一。

註　三　臺灣史蹟研究會彙編，臺灣叢談，臺北，幼獅文化事業公司印行，民國六十七年十月再版，頁一。

註　四　同前註，頁二。

註　五　徐鐵良，臺灣大陸的地緣關係，載「臺灣史蹟源流」，頁一一。

註　六　同前註。

註七　同前註。

註八　劉寧顏編，臺灣史蹟源流，臺灣省文獻會發行，民國七十年十月一日出版，頁六—八。

註九　江炳成，古今往來話臺灣，幼獅文化事業公司印行，民國七十三年十一月三版，頁二。

註十　黃大受，臺灣史綱，三民書局印行，民國七十一年十月初版，頁二。

第三節　歷史的關係

昔人連雅堂慨嘆的說：「臺灣竟沒有一部歷史」。其實，臺灣早就有了歷史，不過沒有人很有系統的記載下來，散見本國歷史各朝代而已。於是連氏發憤曾花費多年的時間，傾注無數的心血，寫成「臺灣通史」。這已是六十多年前的事了。連氏寫「臺灣通史」的時候，臺灣仍被異族日寇統治，在異族統治下寫成「臺灣通史」，便可知他的愛國情操。古人云：「國可滅，史不可滅」，連氏曾云：「身為臺灣人，不可不知臺灣史」。連氏本著這種愛國精神寫成「臺灣通史」，實在可敬可佩。

臺灣自光復以來，由於中共竊據大陸，中央政府播遷來臺，臺灣成爲我們反共復國基地，在東南亞甚至整個世界的戰略上，其價值更顯得重要。因此，中外很多學者開始重視臺灣歷史的研究，於是著作大量出版。可以說臺灣自有史以來，目前研究臺灣史的人算是最多的一個時期。

從過去歷史上看，臺灣的開發與成長，都是我中華民族先民來臺艱苦經營的結果，在臺灣的歷史上更可以看到很多民族英雄，他們爲了反抗異族的統治，曾在此流血、犧牲並付出最大的代價，因此，臺灣歷史是中國歷史的一部分，這是任何人都不能否認的事實。

爲保衛中國的歷史文化，早期在此犧牲奮鬥的有郭懷一志士抗荷，鄭成功帶兵來臺驅逐荷蘭人，後來又以臺灣作爲基地反清復明，朱一貴、林爽文亦在此反清。甲午之戰，清廷失敗，日寇侵佔臺灣，丘逢甲、林維源、林朝棟等組織義勇軍抗日。劉永福在臺南佈告安民，亦號召臺胞抗日「願人人戰死而守臺，絕不願拱手而讓臺」。雖然抗日失敗，劉永福等內渡返回大陸，但在臺灣的志士並未放棄抗日之責任。接著又有蔡清琳、劉乾、黃朝、羅福星、余清芳等……繼續號召臺胞抗日，在性質上他們均有民族精神，不願受異族統治而產生愛國思想。因此在行動上才有如此轟轟烈烈的舉動。

一、歷史可靠的記載

記載臺灣最早可靠的文獻，要推三國東吳臨海郡太守沈瑩的臨海水土志。此書雖已失傳，但多條分別收錄在太平御覽一書中，有關夷州部分，有如下的記載：「夷州在臨海東南，去郡三千里，土地無雪霜，草木不死，四面是山，衆山夷所居，山頂有越王射的正白，乃是石也。此夷各號爲主，分劃土地人民，各自別異，人皆髡頭穿耳，女人不穿耳作居室，種荊爲藩障，土地饒沃，既生五穀，又多魚肉……。」這個夷州，多數學者已公認爲是臺灣。無論方位、氣候、地形、物產、人民、風格、古蹟，無一不符。文中「山頂有越王射的正白」，也與臺灣爲越國版圖之事實相符。新近經衛聚賢氏查考，查出越王射的乃是玉山山頭。淡水廳志卷十三，古蹟考載：「玉山在貓裡溪頭山後萬山中，晴霽乃見峯巖峭拔，疊石如銀。」正是越王箭靶的傳說根據。（註一）春秋戰國以降，漢族文化已遍佈東南沿海，其地時爲東越族所地時爲東越族所居，與臺灣、澎湖僅一衣帶之隔，每有大故，或有被迫亡走海上之事，何況越人爲古代習水之民族，故越人之移臺，甚有可能。

到了公元三世紀，臺灣與中國的關係進入了一個嶄新階段，中國對臺灣的經營，才算眞正打開。漢末，三國以降，中原擾攘，文化向邊疆擴張，東吳三國江南，對海上經營甚感興趣。黃龍二年（西元二三〇年），孫權曾遣將軍衛温、諸葛直率領甲士萬人，浮海進征夷州一說（即臺灣）。（註三）這可能是中國政府經略臺灣的開始，也是我漢族經營臺灣在歷史上具體的記載。

三國以降，歷魏晉及南北朝，罕見有夷州之記載。流求、留仇、流虯、瑠球或琉球代之而起，成爲臺灣的同音，異形的代稱。隨煬帝頗有遠略，有志海上，曾兩次遣使和平招降不成，遂改武力征討，而與臺灣的平埔族大戰一場，擄男女數千人而歸。（註四）究竟隋書所記載的流求，所指的爲今日臺灣抑或今日的琉球。數十年來中外學者爭論不休。惟據隋書所記載流求人的習俗，顯與臨海水土志所記載之夷州多有脗合，亦大可與今日臺灣土著民族古習俗相互印證，學者雖有爭論，而大多學者之隋代所稱之流求即爲今日的臺灣，可爲定論。

澎湖，古代的名稱，秦漢稱「云壺」，唐稱「澎湖」、「平湖」，到南宋才叫澎湖，通常人們說澎湖比臺灣開發早四百零三年，是指元世祖至十八年（西元一二八一年），把澎湖歸入版圖，設巡檢司而言；據史家言，澎湖有人類活動早在秦漢以前。

據文獻記載，目前陳列於臺北博物館中的石斧之一，就是在澎湖西鄉虎頭山出土的，日本人伊能嘉短於民國二十九年、三十四年，也在澎湖發掘兩種先民遺物，⑴無紋陶器片和耳陶器片，發現於白沙鄉瞭望山和永安橋南端。⑵繩紋土器片，石斧斷片及赤色無紋土器片，發現於湖西鄉龍門村海邊。

民國十一、二年，臺大教授林朝棨調查澎湖地質，曾發現貝冢二十六處，較引人注意的是人類頭骨，玉質飾物、陶器、獸骨、鐵器、古錢。一枚「熙寧元寶」，據說是臺灣最先出土的古錢。

這些先民遺物，可歸納爲兩類：

——「先史文化層」：繩紋陶器片、石斧斷片。

——「近代文化層」：陶器、古錢、鐵器。

「先史文化層」，發源於華北，和大陸「先史繩紋陶器片文化層」，具有同樣悠久的歷史（至少在秦、漢之前），可見當時大陸與澎湖，已有交通，先民文化得以在澎湖傳播。

澎湖首次列入我國正史，是隋大業年間。大業三年，隋煬帝派「羽騎尉」朱寬和何蠻二人，往東海求訪異族，他們曾到流求國，因語言不通，逮通一人，而回復命。

翌年，隋煬帝又派朱寬再往安撫流求，但流人沒理他而朱寬只奪得流人身上一襲衣甲，就回朝復命。隋煬帝立即又派「武賁郎將」陳陵和「朝請大夫」張鎭洲率領軍隊自義安出發，往東海伐流求，先到高華嶼，然後向東航行了兩天，經過勾鼊嶼隔天才到流求（見隋書流求傳）。（註五）

至宋初，中原戰亂，沿海人士浮海來臺避難者日衆，根據諸蕃志等文獻記載，早在宋時澎湖已屬泉州，宋時錢幣亦在此時流通於臺灣本島，所以臺灣疆域入於我國版圖始肇於宋朝，此亦爲漢民族正式拓疆臺灣之開始。

元初對海外經略，非常積極，但兩次經營臺灣均無所成。迨元代中葉正式澎湖設巡檢司，以轄島嶼，隸屬於泉州同安，在臺灣經營史上，自是一件大事。（註六）

到了明代，臺灣的地位逐漸明朗化，由於今日之琉球群島被冊封爲藩屬（時稱之爲大琉球），另稱臺灣爲琉球，至萬曆年間，始改爲臺灣。

明亡以後，鄭成功起義師，謀復明室之故，曾以舟師直搗南京，最後攻取臺灣做反清復明的根據地，鄭氏爲了長期抗清，採「寓兵於農」的政策，分別在臺灣各地屯兵開墾，滋長了部屬及居臺灣的意志，這也是我漢民族在臺灣拓展成功的基礎。回顧我先民在臺灣開發經營，民族英雄鄭成功的功勳，特別直得後人懷念和推崇。（註七）鄭氏在臺傳三代，歷二十二年，對臺灣南部一帶的開發經營，功不可沒，他在臺灣歷史上的貢獻，沒有人可以比得上。

臺灣自康熙年間歸入清朝版圖後，清廷所推行的政策，使臺灣內地化，成爲本國各省的一部分，其間歷經沈保禎、丁日昌、劉銘傳前後三任最高行政首長的開山撫番。設官分治、推行各項建設，爲臺灣的近代化奠下了良好基礎。（註八）他們三人在臺治理之功勞也是不可湮沒的。

如前所述，臺灣的歷史應該是中國史的一部分，由來已久，自我大漢民族有史以來，無論是傳說或是正史記載，都與臺灣歷史有不可分的關係，臺灣與大陸本爲一體，大陸與臺灣的歷史淵源，任何其他民族都無法取代的。

二、先民志士在臺灣歷史的貢獻

遠在明朝天啟四年（西元一六二四年），荷蘭人登陸臺灣，在一鯤身建築了一城堡叫熱蘭遮城(Zeelandia)，後來又在臺南市增築一城叫普羅民遮(Providentia)，熱蘭城是軍事要塞，其目的在於保護荷蘭人的貿易，而普羅民遮城作爲荷蘭人統治臺灣的大本營。荷蘭人統治臺灣著重在一個「利」字，只要有利，是無所不作的，荷人在臺一是獨佔貿易，二是加重稅金，三是廉價買入農產品再高價賣出，可以說處處都在剝削我臺胞，他們的繁榮建築在先住民及中國移民痛苦上，因此我在臺住民，不堪荷人的剝削欺壓，終於在永曆六年（西元一六五二年），由郭懷一領導爆發了一場驅荷大戰，郭懷一反荷是臺灣歷史上值得紀念一件大事，因爲他是臺灣人反抗異族的第一人，在美麗寶島上發揚了民族精神！也是以後大大小小無數民族起義的開端。雖然他領導抗荷失敗了，但是犧牲非常慘重，因此引起在臺的漢人同仇敵愾。從此，荷人非常怕漢人報復，愈是怕漢人，愈處於風聲鶴唳，草木皆兵的恐懼中，終於十年後，於西元一六六一年被我們的民族英雄鄭成功驅逐而結束荷人在臺三十八年的統治。

鄭成功驅逐荷人在臺灣建設，可以說是臺灣三百年歷史上，最光輝燦爛，最令人鼓舞與奮的大事，因爲這是漢人在臺灣建立政權統治臺灣的第一次；除了這一次外，臺灣三百年歷史可說是臺灣人被異族統治的哀哀血淚史！（註九）鄭成功是臺灣歷史上最偉大而最受敬仰的民族英雄，他的一生奮鬥，奔波辛勞及對國家民族的忠貞與貢獻，在臺灣沒有任何人可以相比的。

康熙二十二年（西元一六八三年），克塽降清，鄭成功在臺延續明朔三十七年，恢復明室大業失敗，臺灣正式歸清版圖。清領臺之初，因政府的消極治臺政策，故開發遲緩。後來由於國際關係的轉變，影響了中國的政策，轉變了近代中國，也轉變了近代臺灣；外患震動了近代中國，也震動了近代臺灣。中國再不能抱殘守缺，閉目酣眠；臺灣亦開始警覺奮進。大家均感到情勢不同，必須拿出新的作風，應付新的環境，急起直追趕上時代。以往三十年英美的寇擾窺伺，各國的開港通商，當局者尚不曾眞正認識臺灣危機的嚴重，直至日本興師動衆，占地紮營，殺人焚村，大家才切實的覺得事態的可怕。（註一〇）而澈底瞭解全局癥結者如李鴻章、沈葆楨等人主張處理臺灣善後，不容稍緩。

清同治十三年（西元一八七四年）日軍犯臺，引起清廷對臺灣防務與地位的重視，因派船政大臣沈葆楨到臺灣籌防，並負經營臺灣之全責，從此清廷的治臺態度，乃由過去的消極態度轉爲積極的態度。沈氏來臺他認爲撫番開山須同時並進，並謂：「務開山而不先撫番，則開山無從下手，欲撫番而不先開山，則撫番仍屬空談」。沈氏來臺初定計畫，開山後應辦者有十四事，即屯兵衛、砍林木、焚草萊、通水道、定壤則、招墾戶、給牛種、立村堡、設隘碉、致工商、設官吏、建城郭、設郵驛、置廨署；撫番時須並行者十一事，即選土目、查番戶、定番業、通語言、禁仇殺、教耕稼、修道塗、給茶鹽、易冠服、設番學、變風俗。（註一一）可惜他在臺時間太短，及事實上的阻難亦大，未能全部見諸實現，但他這種處理臺灣事務的精神及他這種週密的計畫，對以後治臺仍有相當的貢獻，不能不爲後人敬佩。

光緒二十一年（西元一八七六年），丁日昌來臺，除佈署應付西班牙的防務外，主要爲臺灣的百年大計，到臺之後，先巡查北路，次巡查南路，直達恆春，綏靖鳳山境內悉芒社及獅頭龜紋諸社，諭令薙髮歸誠，賞以銀牌嗶吱布疋等物，爲立善後章程。中路水埔六社，不諳樹藝，雇漢民代耕，特令地方官計口給予銀米，教之耕作，廣設義學，教之識字。並「通飭全臺文武，於善良之番，善爲撫綏，不准百姓稍有欺凌，通事稍有壟斷。其原有田地，設立界地，不准百姓稍有侵佔。並每社設立頭目，稍予體面，以資約束。……其未經就撫兇番，嚴禁接濟軍火，並不准百姓與之銷售貨物。庶幾受撫之番，有利而無害，則向化之心益堅，不受撫之番，有害而無利，則革面之心益篤。」旗后砲臺，增添砲位，防禦加強。基隆煤礦已有相當成效，鐵路電線他也將重視。到臺後迭次函告李鴻章，「該處路遠口多，防不勝防，非辨鐵路電線，不能通血脈而制要害，亦無以息各國之垂涎」。電線比較容易鐵路則頗困難。（註一二）丁日昌在臺雖有些建樹，但因清廷經費困難，他的一切大的計畫都落空了，後來因病也就離開了臺灣，可以說他的理想都沒實現。

光緒十一年（西元一八八五年），劉銘傳奉命專辦臺灣善後事宜，事實上清廷已接受了他的意見，臺灣爲南洋樞紐，不祇是七省藩籬，且準備劃作一個艦隊基地。中法戰爭不得不委屈言和，就是由於海戰失敗，臺灣勢危，痛定思痛，必須要對症下藥。除積極籌辦新式海軍外，臺灣更專力經營，作爲東南保障，海上長城。李鴻章爲重視劉銘傳主張之臺防，即命置鐵甲快船四隻，以備臺灣之用。同年十月十二日臺灣建省與設立總理海軍事務衙門的上諭同時發表，即可看出兩者的連帶關係。這兩件事是光緒前期的重大新政，係清政府具有時代意識的措施，亦爲中法戰役的極大教訓。依據這道上諭，福建巡撫改爲臺灣巡撫，劉銘傳變爲臺灣巡撫。後來臺灣巡撫成了臺灣省，時爲光緒十一年十二月十二日（西元一八八六年一月六日），亦有歷史記載臺灣建省是在光緒十三年，光緒十一年僅止於籌議而已。劉銘傳成了臺灣首任長官。（註一三）

劉銘傳是近代中國的一位傑出人物，更是臺灣史上應當持筆大書的人物，他的豐功偉業實不在鄭成功之下。鄭成功光復臺灣，劉銘傳則保全之外，復予以建設，近代臺灣的政治，經濟交通，文化教育，均在他的手中樹立下規模，奠定了基礎。百年以年，中國的朝野上下有心人莫不以「近代化」——自強相尚，「才氣無雙」的劉銘傳雖是其中之一，而瞭解最深、持之最堅、赴之最力、成績最著者，很少人可與相比。他的具體表現即在臺灣。認識臺灣，必須認識臺灣的近代化，認識臺灣的近代化，就應該知道劉銘傳這個人對臺灣的貢獻。

光緒二十一年（西元一八九五年），甲午之戰，清廷失敗，將臺灣、澎湖割讓日本，這是　國父痛恨昏庸無能的滿清政府，而倡導國民革命的主要原因之一，同時臺灣志士群也起而反抗，並組義勇軍與日對抗，雖然失敗，但自日本奪取臺澎至光復，在此五十年當中，我臺胞爲了不願受異族之統治，先後從事抗日事件不下百件，他們的犧牲流血就是爲了發揚民族精神，維護中華歷史文化，重回祖國懷抱，這些志士在臺灣歷史上的貢獻，是永遠不可磨滅的。

三、臺灣歷史與大陸歷史是不可分的

臺灣的開發幾乎全由閩粵沿海居民所經營，這是由於地理上的位置之毗鄰之關係而促成的。但國人發現爲期甚早，而大量移入墾殖，卻遲至明末才開始，其原因是由早期航運不發達，海上航行又非常危險。據筆者研究—公元十五世紀左右，歐洲各海岸諸國，競相發展航海事業，以開拓其民族生存的領域，如葡萄牙、西班牙等國即是如此。我國鄭和於明初年間，七次通使西洋，實較葡萄牙亨利親王開拓海外殖民地及意大利偉大航海家哥倫布發現新大陸還早。故鄭和不僅爲中國迎接海洋新世紀之第一人，亦爲中國海疆開拓史上之第一功臣。我認爲閩粵沿海居民移入臺灣與西方諸國發展航海事業及鄭和七下西洋，應有密切的關係，一方面襲取他們航海之經驗及鼓勵，再者佔地域臨海之便，而在此後大量移入臺灣，不能說沒有關係。

中國雖在漢朝、三國、魏晉南北朝、隋、唐、宋、元等時代，都不夠詳盡，而對臺灣有詳細的記載，應該是明朝以後的事了。對臺灣都有記載，但歷史的記載由於臺灣近臨中國閩粵沿海，早期先民來臺，經營臺灣的史實這是不可否認的。明初歐洲各海岸國爲開拓其民族生存及擴展商務艦隊東來先後佔領臺灣，如荷蘭、西班牙，後來又有日本。臺灣同胞爲了求生存，為了維護中國之正統歷史文化，不斷地反抗異族之統治，一部臺灣史幾乎是一部反抗異族之奮鬥史，我大漢民族早居臺灣，臺灣這塊土地，是我先民披荆斬棘千辛萬苦經營開拓出來的，他們在這裡流過血、流過汗，臺灣才有今日成果。從過去的歷史來看，臺灣的歷史與大陸的歷史是不可分的，任何異族侵略，我們都要抵抗，任何野心分子製造分裂，將臺灣置於統一中國之外，我們都要勸阻。

【附　註】

註　一　陳冠學，老臺灣，東大圖書公司出版，民國七十年九月初版，頁四—五。
註　二　陳三井，國民革命與臺灣，近代中國出版社，民國六十九年十月二十日初版，頁二。
註　三　同前註。
註　四　郭廷以，臺灣史事概說，正中書局，民國七十七年臺初版第九次印行，頁五。
註　五　歐成山，澎湖比臺灣開發早四百年，中央日報，民國六十七年六月二十七日，第十一版。
註　六　同註二，頁二。

註七　同前註。
註八　同前註，頁四。
註九　鍾孝上，臺灣先民奮鬥史（上冊）自立晚報，民國七十六年三月，頁三五。
註一〇　同註四，頁一七八。
註一一　同前註，頁一八〇。
註一二　同前註，頁一八六。
註一三　同前註，頁一九一。

第四節　文化的關係

臺灣就史源來說：是中國的一部分，就地理環境來說：互爲依存，就文化來說：淵源於中國。臺灣現在的居民，有明顯史績可考的都是從大陸上移居而來的，他們來得早的不過兩三百年，晚也有數十年之久，追本探源，最早無史績記載的先居大多是漢族的後裔，炎黃的子孫。其生活、習慣、宗教信仰、語言文字、婚喪禮儀、家族組織、社會制度，莫不承襲大陸而來。充分顯示出其文化淵源同爲一體。

一、臺灣早期文化與大陸之關係

臺灣位於亞洲地中海的東緣花綵列島的中途，即中國東海與南海之交，古代海洋與大陸文化交流時，這裡是常經之路，臺灣的原始文化，必然含有大陸文化和海洋文化的要素。近年以來，民族學家們以形勢學及地理分布表，將臺灣史前文化，作了詳盡的分析，另設定七個文化層來研究考證：

㈠繩紋陶器文化層：爲臺灣最古而分布最普遍的文化，相伴的石器是打製石斧，乃純粹的大陸文化，由北方移入臺灣。

㈡網紋陶器文化層：陶器形制與布農族及曹族所使用相同，相伴的石器是打製石斧和多種磨製石器，分布遍及全島。

㈢黑陶文化層：屬中國大陸東海岸系統，相伴的石器是單刃磨製石斧。

㈣有段石斧層：與白陶並列，分布於西部海岸，文化來源，可能自福建省移入。

㈤原東山文化層：與越南清化州之東山遺址文化有顯著關連。但此一文化亦源於古越族。

㈥巨石文化層：可能起於黃河上游，傳播至朝鮮、日本、緬甸、印度、英、法等地，臺灣分布限於東部海岸。

㈦菲律賓鐵器文化層：分布於東海岸及南部，包括多爲實用器物及裝飾品。據菲律賓大學教授貝葉推定：此文化移入臺灣在西曆六百年至八百年之間。

就以上七個文化層發展的情形而論，前四個文化層是屬於我國大陸系統，後三個文化層，則稍稍接近東南亞系統，但我們不要忘懷，東南亞古文化的母體，也是我國大陸，所以臺灣與我國大陸的關係，不但土地連理並生，史前文化更是一脈相承。

今天臺灣的考古學家和民族學家，他們一直在努力於史前遺化的發掘，在臺北縣觀音山某地有了新的發現。在同一個遺址上，發現五個文化地層：⑴最古最下的繩紋陶系統，⑵圓山系統，⑶植物園系統，⑷十三行系統，⑸近代漢文化系統。又與上同時，在圓山系統一層中獲得十枝青銅箭頭（從新掘泥沙中篩出），這是以前未有過的收獲。至於近幾年在臺東八仙洞發掘的長濱文化，把臺灣史前文化上溯更爲久遠，幾乎推前一萬年。總之，臺灣史前文化與大陸的淵源，不僅目前可作無以變易之定論，將來必有更充分，更具體的證據出現。

二、臺灣文化與大陸本來是一體

一個民族的成長，不僅是靠血緣的繁衍，文化的因素可能更爲重要。在中國歷史發展的過程中，有很多異族的成分融入於漢族爲主體的中華民族之中，不管他們是夷、狄、戎、蠻或臺灣土著的後裔，只要他們在風俗習慣及語言思想與大多數的中國人沒有什麼不同，他們就是中華民族的一份了。

臺灣是中國幅員的一隅，是漢族移居的地方，更是中原文化敷施之所在。因此，舉凡臺灣居民之衣、食、住、行、風俗習慣、宗教信仰、語言文字、家族組織、社會制度，莫不承襲大陸而來，充分顯示出文化上的淵源，臺灣和大陸融合及承襲一體的關係。（註二）

臺灣文化，即隨歷次移民渡海東來之中華傳統，由於地理上僅一水相隔，以及歷史上之密切關係，截至清代經營時間，移民以籍隸閩南與粵東者居多。（此一事實顯示於淪陷時期日人調查，據日人「臺灣在籍漢民族」之「鄉貫別」人口統計，民國十五年底，「本島人」即「臺灣在籍民族」合計三百七十五萬一千六百人，其中祖籍福建者獨佔三百一十一萬六千四百人，比率高達百分之八十三點零七，祖籍廣東者爲五十八萬六千二百人，比率爲百分之一十五點六三，祖籍其他省區者僅四萬八千九百人，比率僅及百分之一點三零）。因此，臺灣之文化帶有閩、粵地方色彩，另爲適應新環境生活之需要而有所發展，仍爲道地之中華傳統文化，此乃世人所週知者。（註三）沒有可疑之處，兹將物質、社會、精神文化方面，分別詳加陳述：

㈠物質文化方面

1.衣著方面：臺灣地區因爲北回歸線通過嘉義和花蓮，所以兼具熱帶與亞熱帶兩種氣候，除了高山地區外，終年高温，夏季較長，衣著較爲簡便，夏季穿著單薄，冬季有夾襖就可以度過，如遇寒流，再加上一件棉衣，也就可以禦寒了。服裝式樣隨時變換，從前，男人穿短衣，長度過膝即可，女性喜著紅裙，隨合我國風俗，紅色表示吉祥。（註四）

2.飲食方面：多與大陸相同，臺灣以米爲主食，三餐不離，零食亦多係米或糯米所做，副食品以肉、魚、蔬菜爲主。臺灣肉、魚、菜烹調沿襲祖籍閩、粵。以燉、煎、煮、炒較多，烹、炸、燴、溜者較少。臺灣四季温和，水果四季不斷，種類亦多。茶葉、煙酒消費甚大，爲一般人愛好。至於飲食方面各種禁忌，完全與大陸沒有什麼分別。

3.建築方面：臺灣古昔住宅式樣多從閩南、漳、泉一帶而來，而主要的建材爲紅磚、紅瓦、土埆。日據後始有樓房，並採新式材料與裝飾。具體的說，臺灣傳統建築，可視爲閩南漳、泉建築的移置，以往臺灣建築房子，受到金、廈兩島之影響，其風俗與金、廈無異，以澎湖的情形來說，其傳統的房屋的形態與格局，都跟金門一樣，所以時至今日，澎湖的父老仍把古老的房屋叫做金門厝。（註五）緣中國建築在世界建築史上以色彩豐富而著稱，而閩南建築在中國各地建築中色彩又最爲豐富，清時臺灣建築以技術，來自閩南，以閩南匠工爲主流，是以無論寺廟或民房都富有色彩鮮豔的繪畫和圖案，繪畫的技術，完全取範於中國傳統的花鳥、人物、山水繪畫，內容則大多與宗教、道教有關。（註六）故大體上來說，臺灣建築，完全因襲於閩南，不僅是材料來自內地，就是技師及工人也由內地聘請，此乃基於血肉相連而有民族情感不可分的關係吧！

㈡社會文化方面

1.婚姻方面：男大當娶，女大當嫁，男婚女嫁是人生一件終身大事，也是人類社會生活中最基本的普遍現象。臺灣婚姻傳自福建、廣東，婚姻有大娶、小娶的分別。凡是依古禮而行的叫做大娶，循著特殊習俗而行的，叫做小娶。所謂小娶，就是採行比較簡單的婚禮之外，夫婿對女家還要負擔約定義務。

此外，我國古時婚禮有六種情形，依序是納采、問名、納吉、納徵（納幣）、請期、親迎。這些古禮行之很久。到了南宋，六禮併爲三禮，成爲納采、納徵、親迎。清代又簡化爲二，只有納徵和親迎。但是，一般民間行爲的是議婚、訂婚、送日子、親迎等四個階段，臺灣世居住民也沿用此習。（註七）總之，臺灣婚姻之習俗均按照我國古時禮俗，沿革傳下來的，其社會文化，同歸一宗，毋可置疑。

2.喪葬方面：臺灣地區喪葬的禮俗大體上跟內地一樣，對死者的裝殮，喪葬的處置，本著幾個觀念，即：根據原始宗教心理，相信二重世界，信仰精靈與崇拜祖先，而儒家思想，遵禮盡孝，深信通俗佛教及通俗道教的輪迴報應說：誇耀家世及子旺丁繁。（註八）

臺俗家人疾革，即行搬舖（一日徙舖），即古代易簀遺風，其對死者之措置及禁忌，一如內地。喪禮進行亦大體與內地同。祭禮方面：人存敬天尊祖之思想，事神之多沿用於各地。而「拜」者特多，亦為特色之一。祭禮具見於歲時行事，富慎終追遠之古風，至兼主於祈與報，則環境使然。（註九）

3.家族制度：家族是基於男女婚姻結合的一個單位，可說是人類社會最基本的組織。他的主要功能是滿足所結合的男女對性的需求，而來延續種族的生命。以往，臺灣地區的家族，除了夫妻和子女兩代外，父母、祖父母、兄弟、姊妹、妯娌，乃至於伯、叔父母、堂兄弟等，都同居在同一個家族之內，由此種血緣關係的結合，而採取的合居方式，通稱為大家族。

小家庭又稱爲夫妻制，大家族又稱爲家族制，根據民國四十一年雷伯爾對臺灣農村家族的調查，一對夫妻的小家庭佔了百分之五十八，反過來說，當年臺灣農村的大家族佔了百分之四十二。又根據雷伯爾在民國四十一年對臺灣都市家族的調查，一對夫妻的小家庭佔了百分之六十八，可見當年臺灣城市大家族佔了百分之三十二。再以這兩項調查統計來分析，當年的臺灣家族制，鄉間大家族有十分之四，市區的大家族有十分之三。由此可以瞭解，光復之初，臺灣大家族很盛行的。在以往的臺灣一般風尚以家族數代同堂爲榮，因而有三代同堂、四代同堂、五代同堂、甚至有六代同堂者。

我國向以家族主義著稱於世，臺灣此一風尚也是我們中國人的傳統習慣。（註一〇）大家族之優點，培養人之忠厚、實在，並且有禮，外國人稱中國人爲禮儀之邦，大概也就是這個道理吧！

㈢精神文化方面

1.宗教信仰：亦係承襲大陸而來，按中國民間歲時節俗，最可表現風俗習慣與宗教信仰者，其發展須含有⑴原始宗教心理，⑵農業社會生活旋律，⑶自然崇拜，靈魂崇拜，以及儒佛學與道教的觀念和思想等要素。臺灣和大陸各省相同，一年之中自農曆初一開始，有元宵、清明、端午、半年圓、中元、重陽、冬至、除夕等節令，每逢這些節令，使各種咒術行爲，以及禁忌等，皆本原始宗教心理活動。同時又有拜祖拜神拜佛等「祈福於神」的心理活動；亦即是本於儒、佛與道教等之觀念和思想者。（註一一）自此諸具傳統性節來看，臺灣與大陸之精神文化完全一致，其關係至爲密切。又如臺灣寺廟之多，崇拜之神多是一致，表現出中國多神教和偶像崇拜之色彩，不僅充分說明中國民間信仰之特質，也表示出臺灣與大陸一體之關係。

2. 道德現象：四維八德爲中華民族固有的道德，亦爲本省同胞共具之傳統德性。中原文化的特質之一是王道精神，講公理，愛好和平，不侵略他人。翻開臺灣歷史，多有盡我、愛人、和平及尚義的史實。重土報本是中原文化另一項極富人情味的特質。這從禮讓爲懷和春秋享報的習俗上可以充分體會，臺灣的若干民俗也極能表現此一特質。總之，臺灣的歷史發展，從古至今，除了少部分曾受外人，如荷、日等若干影響外，整個進化歷程，可以說完全是中原文化波瀾推衍。臺灣不愧是個寶島，它不但有島國精煉的特性，亦具北上博化的功能。因此，中原文化在此地區有其最佳的發揚，所以文物興盛，人文蔚起。（註一二）今日的臺灣成爲反共復國的基地，不但代表了整個中華民族，也代表了中華文化的道統；不僅是現階段保存中原文物的精神堡壘，更是承先啟後揚光大及復興中華文化的根據地。

3. 語言文字：臺灣的語言大別祇有兩種，即漢語和南島語。所謂漢語，主要包括閩南語和客家語兩大方言，而漢語是漢藏語族中最大的一支。（註一三）臺灣的閩南語和客家語既是漢語的兩大方言，即係從福建南部及廣東東部分別遷徙而來，自然和中國其他漢語方言相同，亦和古漢語具有密切關係。至於文字，臺灣地區所使用的文字，除發音略有不同，其字型完全與大陸沒有分別。臺灣光復後，政府大力推行國語運動，目前臺灣中，少年都能講一口流利的國語，對中國字沒有不認識的。

4. 姓氏，以姓氏源流言：無一不是來自中原的百家姓，根據楊緒賢編著「臺灣區姓氏堂號考」一書，將臺灣地區十大姓氏列陳如下：

陳、林、黃、張、李、王、吳、劉、蔡、楊，分布全國各地，此十大姓氏，不但臺灣是多數，就是大陸各省為數也不少。可見臺灣之姓氏與大陸淵源甚深，從臺灣姓氏來看，更看出臺灣與大陸的密切關係，脈絡一貫，血肉相連，此種密切文化關係永遠都分不開的。

【附註】

註一　臺灣史蹟研究會，臺灣叢談，臺北，幼獅文化事業公司印行，民國六十七年十月再版，頁四—七。

註二　陳三井：國民革命與臺灣，近代中國出版社出版，民國六十九年十月二十日初版。頁七。

註三　劉寧顏：臺灣史蹟源流，臺灣省文獻會發行，民國七十年十一月出版，頁六八〇。

註四　林衡口述、鄭金木／紀錄，臺灣史蹟源流，青年日報出版，民國七十六年二月出版，頁二五四—二五六。

註五　同前註，頁二七一。

註六　林衡道：「由民俗看臺灣與大陸的關係」，載「中國的臺灣」，中央文物供應社，民國六十九年，頁二五五—二五六。

註七　同註四，頁四二八—四二九。

註八　同前註，頁四四八。

註九　同註三，頁六八一—六八二。

註一〇　同註四，頁四七八。
註一一　同註六，頁四七八。
註一二　同註二。
註一三　丁邦新：「臺灣的語言文字」，載「中國的臺灣」，頁三三七。

第三章　中國國民黨與臺灣之關係

第一節　興中會

中日甲午戰爭，清廷失敗，就在這一年，　國父孫中山先生在檀香山創立了興中會，其宗旨以「驅除韃虜，恢復中華，創立合衆政府」爲其目標，當然光復臺灣也爲恢復中華主要目標之一。興中會創立第二年，也就是光緒十一年（西元一八九五年）十月二十六日（農曆九月九日）決定重陽節在廣州發動起義，由於計畫不週，遷延時誤，致遭人告發而失敗。國父在廣州策動第一次起義失敗後，即偕同陳少白、鄭士良前往日本，且留陳少白聯絡日本志士與留日華僑。（註一）　國父前往美國而後轉往倫敦，陳少白在日本活動，　國父於一八九七年再度到了日本時，已頗有進展，這時日本民黨（進步黨）正掌握政權，頗同情中國革命，當時得知　國父和犬養毅見面後，晤談甚歡。（註二）由於日本同情中國革命，陳少白因向　國父提議，想赴臺灣聯絡同胞，發展組織，八月　國父乃派陳少白到臺灣，陳氏透過各種管道，申請來臺，聯絡臺灣同胞，從事發展黨務的工作。

一、陳少白來臺的經過

光緒二十三年（西元一八九七年）七月二日，國父離開英國取道加拿大東歸，八月初抵達日本橫濱。陳少白曾向　國父提議擬往臺灣一行，聯絡臺灣同胞，發展黨務，　國父後來同意。據陳少白所云：「自從甲午戰敗，滿清政府把臺灣割給日本之後，年來不知攪到怎樣一個地步，我沒有到過臺灣，我倒要前去觀察觀察，那裡我有一個日本朋友約我去看他，我能夠在那裡活動，或者可以把那裡的中國人聯絡起來，發展我們的勢力，豈不較勝呆住在這裡」。（註三）由於　國父同意他的計畫，陳少白便開始作前往臺

圖五　陳少白先生遺像

灣的安排，他首先到神奈川縣，要領到臺灣的護照，該縣知事卻託以不需護照，只須將來歷說明，臺灣人即可容許登岸。所幸陳少白來臺之前，曾由友人的幫忙，獲得了一封神戶縣知事介紹他見臺灣警察廳長及臺北縣知事的信，依靠這封信，雖然受了日本巡警的言語威偪，倒也被允准在臺灣住下來，只是此後行動要受日本偵探的嚴密監視。（註四）

陳氏來臺的目標是到臺南訪一位日本律師。途經臺北，記起舊同事楊心如，傳聞在此經商，竟然一找便著。並認識一些朋友，而後赴臺南。陳氏云：「當時我到臺灣，其實也太過馬虎，因爲在臺灣只有一個未嘗見過面的日本朋友在臺南當律師，又係朋友介紹，若果尋他不著，就不堪設想了。」「幸而當我決意往遊臺灣時，有一個日本醫生，姓後藤名新平，爲人幹練多才，係新任臺灣總督兒玉的至交密友，那總督要他到臺灣共事，就保薦他做了臺灣民政長官，還未赴任，日本友人知道我也要到臺灣去，便介紹我去見他，把我要漫遊臺灣的事告訴他，請他幫忙，他也慷然應諾。」（註五）後來 國父策動惠州第二次起義，那時的臺灣總督爲兒玉源太郎，民政長官後藤新平，都非常同情中國革命，甚至答應提供人力、物力協助 國父在臺革命，是否與此有關，尚需要進一步去研究。

陳少白從神戶到臺灣以後，據他所云：「第二天，就從基隆乘火車到臺北城去。」「到了明天，我就去見廳長，廳長剛到日本去了，他的代理人代見。」「又去訪臺北縣知事，那知事看了信，十分關切，並派他部下外事課課長特別招呼請吃飯，亦係一種刺探之意。」案：當時臺北警部長爲磯部亮通，臺北縣知事爲橋口文藏。（註六）陳氏又云：「我在臺北，一個人都不認識。」「記得一個同過事的朋友，傳說在此經商，但不知落在何處。……他們說在一間辦茶的洋行，叫良德洋行裡。……楊心如果然跟著小夥計來了……我同楊心如進去，見過了他東家吳文秀，……回到良德洋行住下。……一住便過了十多天，在這十幾天內，照約去見那民政長官後藤新平，把要到臺南的話，告訴了他。又回吳、楊介紹認識了個廣東大商趙滿朝、容祺年等，同他們談起革命，總算投機。」（註七）後來吳文秀、趙滿朝、容祺年等都加入興中會臺灣分會，成爲會員。

二、興中會臺灣分會之成立

陳少白在臺北的活動告一段落後，即啟程到臺南，原想多連絡幾位同志，雖然也遇到了幾位廈門人和廣東人，但一方面由於這些人還不大懂得革命的道理，另方面日本警廳派了四個偵探，嚴密的監視著，致使他在臺南行動很不自由，沒有吸收到革命同志。（註八）後來陳氏由臺南又回到臺北，即在這年的冬天，十一月上旬時（註九），與楊心如、吳文秀等組成興中會臺灣分會，或稱臺灣興中會，會所設在楊心如的住宅。這是革命黨人首次在臺灣建立的據點，也是臺灣同胞直接參與祖國革命運動的開始。（註一〇）次年閏三月上旬，陳氏由日本再到臺灣，停留了將近半年的時間，對於臺灣同志的聯絡工作，確盡了他的本分。

分析起來，陳少白兩次到臺灣主要的目的，聯絡臺灣同胞，組織革命團體。得楊心如、吳文秀、趙滿朝、容祺年等贊成革命，組成了興中會臺灣分會，後來推動臺灣地區抗日運動，實在有相當重要的角色。緣自一八九四年興中會創立於檀香山後，第一個支會於一八九五年成立於日本橫濱，第二個支會於一八九七年成立於臺北，不僅印證了臺灣與大陸密切不可分的關係，也說明了臺灣地區的抗日運動所追求的目標，完全與祖國革命運動息息相關，在辛亥革命運動期間，臺胞有的用金錢支援，也有的直接參加革命起義行動，而共同追求的目標，對祖國而言，光復臺灣，收回失土，對臺胞而言，早日脫離異族統治，重回祖國懷抱。可以說，祖國的革命與臺胞抗日運動，目標完全一致。

光緒二十四年（西元一八九八年），陳氏重來臺灣。陳氏云：「我同孫先生在東京住了幾個月，臺灣方面的朋友，常有信來請我再去。」「這次到臺灣約有半載，加入的會員，雖然仍是不多，但是募到的錢，也有二三千塊。我還記得當時聞得康有為在北京失敗，六人殉難，我就在臺灣聯同幾個友人開了一個追悼會，在臺灣約六個月，重復回到日本來。」陳氏旋奉　國父命到香港辦中國日報，鼓吹革命同時作為革命總機關。（註一一）

陳氏自言來臺之前，先晤後藤新平，告以遊臺事，請其幫忙，抵臺北之十多天中，照約往見，「把要到臺南的話，告訴了他。」當時臺灣總督爲乃木希典，民政長官水野遵，戊戌二月四日臺灣總督更換，由陸軍中將兒玉源太郎接替乃木希典。二月十日後藤新平就任民政局長官，陳氏時在日本。閏三月陳氏二次來臺，後藤新平仍在臺北。二月及閏三月與後藤同處日本、臺北，均可會晤。

又陳氏與服部交往，稱其爲臺灣新報總編輯，並得其助，發表興中會消息於臺灣新報，臺灣新報爲日人於丙申六月創刊，戊戌五月合併臺灣日報，改組爲臺灣日日新報，陳氏八月初到臺與臺灣新報總編輯服部相識，陳氏遊臺詩發表於臺灣新報，是在丁酉九月上旬至十一月上旬，確可證明。（註一二）

臺灣新報大部分爲日文，報導日軍與地方義民作戰，傷亡及勝利，亦有地方人士歌頌日軍統治者。是時是地，當然不便作革命活動，陳氏幸得服部之贊助，在日本官辦臺灣新報，發表遊臺詩。更借題傳播革命消息，尤屬難得。（註一三）

陳少白氏嗣在臺南活動受阻，服部亦曾予聲援。陳氏自述在臺南時，服部囑其學生盡力照顧，有云：「那學生知道我受四個日本偵探監視，就暗中寫信告訴了服部，服部同幾個關切的朋友，大動公憤，在報上大罵臺南當局，說一個外國文人，花錢到這裡遊山玩水，爲甚麼當強盜般把人監視起來，如此顢頇的政府，豈不令人齒冷，衆口同聲地竟把四個偵探罵退了。」案：丁酉十一月三日臺灣新報第三版（日文版）十一月二十日臺南通訊有一節題爲：「洋裝散髮之清國人」，爲陳少白諷臺南地方警務當局，其文曰：「近來臺南城內，頻傳唐景福（案當作劉永福，以在臺南也。）復將來臺，其舊屬清兵與臺人，亟謀合作，頗思有所舉動。有散髮二人漫遊，訪問地方士紳，自言爲廣東在野文人，從事考察及計畫經營實業曾赴諸洲訪名家，增廣見聞，從事實業，吟詠山水自然，遊美三載，遊居日本內地有年，今來臺，頗能英語，略懂日語。其中一人名陳白，年二十七、八歲，眉清目秀，宛然一貴公子，寄旅月餘，仍有二人尾隨偵察其行動，調查眞象。彼等現住德商美打洋行。」臺灣當時在日軍統治下，而臺北市郊及南部鄉區，臺胞仍多武力抗日行動，地方新聞，十之八九爲軍事消息，此通訊名爲記治安傳聞，實以外國文人來遊，交往士紳之間，竟偵探經月，尚未明情況，以諷地方警察當局，陳氏所謂服部憤言，諒指此也。（註一四）

據陳少白自己所云：「他在臺灣募到的錢也有二、三千塊錢」之多，可見當時在臺的同志熱中革命，踴躍捐獻。衡諸當時的環境，臺灣割讓日本不久，日本政府對臺胞之統治非常嚴苛，在多面的牽制，監視之下，臺籍志士能有如此表現，參加祖國革命行動，實在難得，當然反映出臺胞對日人在臺暴虐統治之不滿，同時也說明　國父領導的革命運動，以光復失土爲目標，臺胞爲脫離異族統治，故響應祖國革命。從日後　國父來臺時，臺籍興中會會員竭誠贊助。如一九〇〇年，　國父首次來籌畫惠州起義時，臺灣爲光復大陸的策源地，固然，當時臺灣總督兒玉源太郎同情我們革命，有利在此策畫，但在臺的同志已熱烈響應也是主要一個條件，如楊心如等協助　國父各方奔走，恪盡革命黨員的本分；又如吳文秀也爲　國父周旋，無微不至。　國父第二次起義來到臺灣作爲策源地，其歷史淵源肇始爲此吧！

綜言之，陳少白應　國父之囑，來臺組織興中會臺灣分會，起初會員雖僅有楊心如、吳文秀、容祺年、趙滿朝及莊某等，初具規模。而後陳氏雖然第二次來臺，訪問當時臺灣日本民政局長官後藤新平，並指導此地會務活動。其後在臺之會務，據陳少白講，均以通訊方式經常聯絡，在歷史上雖未有明確的記載。但興中會臺灣分會成立之後，對臺灣地區志士之抗日運動；在精神方面有相當的鼓舞作用，不僅在辛亥革命時期臺籍志士，有的出錢、有的出力支援祖國革命而發生了密切關係，甚至在整個革命的歷史過程中我臺胞都有相當的貢獻，因此，可以證明臺灣與大陸同胞的關係是息息相關，血肉相連，永遠是分不開的，共同爲革命的目標而奮鬥。

【附　註】

註　一　陳少白：「興中會革命史要」，中央文物供應社，民國四十五年六月版，頁三六。
註　二　葉蔭民：中國現代史話，中華日報印行，民國六十三年八月一日出版，頁一一。
註　三　同註一。
註　四　同前註。
註　五　曾迺碩：國父與臺灣的革命運動，幼獅文化事公司發行，民國六十七年三月出版，頁二七。
註　六　同前註。
註　七　同前註，頁二九。
註　八　柯惠珠：日據初期臺灣地區武裝抗日運動之研究，前程出版社出版，民國七十六年四月初版，頁二〇七。
註　九　黃季陸：「臺灣與國民革命的關係及有關資料」，載「中國現代史專題研究報告」，第五輯，頁二〇九。
註一〇　陳三井：國民革命與臺灣，近代中國出版社出版，民國六十九年十月二十日初版。

註一一　同註五，頁二九。
註一二　同前註，頁三〇。
註一三　同前註，頁三二。
註一四　同前註，頁三四—三五。
註一五　同註九，頁二〇九。

第二節　同盟會

興中會是　國父領導革命首創的第一個組織，對革命的事業樹立了一個里程碑，有啟發引導的作用。由於滿清政府之官吏腐敗無能，對外割地賠款，對內欺壓百姓，引起國人普遍不滿，大勢所趨，不但　國父創立興中會，而且蔡元培在上海成立光復會。黃興在湖南組織華興會與同仇會，蔣翊武在武昌成立科學補習所。實際上興中會之革命活動，僅限於珠江流域。光緒三十年（西元一九〇五年）七月十九日，　國父自歐洲經南洋抵達日本橫濱，各省留學生來謁見的絡繹不絕。在　國父未東歸之前，留日學生界以華興會領袖黃興最符人望，其重要份子在東京的有宋教仁、陳天華、劉揆一等十餘人，他們都和宮崎寅藏有往還。　國父抵日本，宮崎寅藏於七月二十八日在東京鳳樂園介紹黃興、宋教仁與　國父相晤，　國父並希望兩會（興中會和華興會）合併，增強其實力。見面後，　國父問到華興會組織情形，陳天華將在湖南籌組情形及在長沙起義失敗經過，作了一次詳細報告：　國父分析革命大勢和方法，並指示他們說：「中國現在不必憂各國之瓜分，但憂自己之內訌，此一省欲起事，彼一省亦欲起事，各自號召，不相聯絡，終必敗。如：秦末二十餘國之爭；元末朱（元璋）、陳（友諒）、張（士誠）、明（玉珍）之亂然。若此時各國乘機干涉，則中國必亡無疑矣。故現今之主義，總以互相聯絡爲要。」

　國父立論滔滔，大家嘆服，於是決定兩會合併，並約於七月三十日，在日本東京赤阪區檜町之番黑龍會，召開中國革命同盟會的籌備會議。（註一）

到會有中國本部十七省留學生（甘肅無留學生）六十餘人，公推　國父爲主席。　國父在會中指示全國革命各會派，應合組新團以從事革命之必要，大家均無異議。隨後議定合組之新團體名爲「中國革命同盟會」。（註二）

八月二十日，中國革命同盟會正式在日本東京成立，加盟的共有三百餘人；後來陸續的又有請求入會者，不到一年，已有會員一萬餘人。各省先後成立支部，會員的籍貫遍及於十七個行省。（註三）紛紛參加由　國父孫中山先生所領導的革命組織，開啟了全國青年大結合的新局面。此一形勢的出現，不但使革命黨人增加了革命可「及身而成」的信心，也爲被割讓已達十年的臺灣同胞帶來希望的曙光。因爲只有國民革命的成功，才能使中國富強；只有中國富強，臺灣必然可以光復。（註四）在此種背景下，後來同盟會臺灣分會終於成立。

一、同盟會臺灣分會之成立

宣統二年（西元一九一〇年）春，中國革命同盟會會員，王兆培來到臺北。這位祖籍福建漳州的革命青年，是一位虔誠的基督教徒，同時也是一位堅毅的革命鬥士。他到達臺北後，一方面在臺北醫學校註冊修習醫學，一方面卻秘密的在師友同學中找尋革命的伙伴，想在臺灣建立中國革命同盟會組織。終於他在同班同學中找到了志同道合的知己——臺南籍翁俊明（註五）。在王氏的影響與同盟會革命宗旨的感召下，是日後翁俊明加入同盟會之主要原因。

翁俊明先生，臺南市人，父親紹煥公，是一位通儒、精醫術，在家鄉行醫濟衆，是鄰里街坊所尊敬的大善人。煥公目睹倭人驕橫，極爲憤慨，所以自翁俊明小時，即教他忠孝節義，愛鄉愛國的民族觀念。他誕生於民國前二十年，自幼聰穎異常，三歲那年，就在臺南天公埕表演識字，曾轟動一時，人皆稱爲神童。

民前三年，翁氏雖才十七歲，但就以優異的成績，考入臺灣醫事專門學校，準備繼承父親的志向，畢業後作一個懸壺濟世的好醫生，並施仁愛之心。

宣統三年（西元一九一一年）十月，武昌起義成功的消息，很快傳到臺灣，翁俊明和他的同學高興極了，大家口耳相傳，把這一個好消息傳播出去，大衆覺得，過去割讓臺澎給日本的腐敗滿清政府，已被推翻，相信在民國成立後，國家會很快強盛起來，臺灣也一定很快光復。（註六）

翁俊明一方面爲這個好消息而興奮的向外傳播，另一方面，他對推翻滿清的革命黨，充滿了嚮往的意識，雖然日寇嚴禁臺灣同胞參加中國的革命，一經查覺就要判很重的刑，甚至會處死，但自己的愛國的熱情，鼓舞著他，毫不畏縮。翁氏在王兆培的影響下於民前二年五月一日，宣示加入同盟會，成爲中國同盟會的第一位臺籍會員。同年九月間，中國同盟會設在漳州的機關部委任翁俊明（時化名翁樵）爲交通委員，負責發展臺灣會務，也同時宣告中國革命同盟臺灣分會的成立。（註七）

在王兆培、翁俊明的審愼推動下，同盟會在臺灣的組織逐漸展開。兩年以後，即民國元年時，會員已增至三千餘人，其中包括了嶄露頭角的民族與社會運動領導人物蔣渭水等人。他們會員分佈的範圍也已由臺北醫學校推廣到當時臺灣高等學府的國語學校及農業試驗場。他們並組織了一個「復元會」，秘密集會，討論政局，並研究如何能使臺灣光復。（註八）至民國三年十一月九日，該會在臺北艋舺平樂遊酒家舉行會員大會時，會員已增至七十六人。不幸的是，由於當時政治環境惡劣，這個具有四年活動記錄的革命組織，不得不於民國三年的年底宣告解散了。（註九）這實在是一件十分可惜的事情，但並沒影響爾後臺灣志士對革命之活動與各種貢獻。

同盟會臺灣分會之成立，具有深遠的意義。不僅說明臺籍志士在中國革命同盟會的旗幟下，建立了自己的革命組織，延續興中會以來的一貫革命精神，也以實際行動支援祖國的革命運動。顯示國民革命的香火已在臺灣傳遞點燃，同時臺灣的革命運動也將與祖國的革命運動結合滙流在一起，共同爲光復失土而努力。以期早日完成國民革命之目的。

二、臺籍志士在同盟會時期的貢獻

在同盟會時期貢獻最大的臺籍志士，莫過於臺灣史學之父連雅堂以及民族詩人丘逢甲。雅堂先生不朽巨著「臺灣通史」這是當時學術界的一樁盛事。連氏志在雪國恥、復族仇，撰史只達成此志的一種手段而已。

當時日本征服者血腥高壓的統治，人命不如鷄犬，設非借鹿諷馬，恐怕連氏在未完成此

一歷史巨著之前，早已橫屍馬場町，飲恨作古了。連氏忍死著述，委屈求全，除爲復仇雪恥外，不作他想。（註九）

復仇雪恥，途徑不一，可以以牙還牙，訴諸武力；也可以藉著書立說，保存民族精神，孕育復國種子，以期後世子孫重振雄風。連氏選擇了第二條報國途徑；這是一條忍一時之辱的消極報國途徑，也是一樁長遠的，不能及身而成的民族運動。他何嘗不想採取第一條途徑，並幹一番立竿見影的革命事業？祇因日本征服者氣焰正盛，銳不可犯，而祖國正陷於軍閥混戰皂割據局面；敵我消長之勢，利鈍得失之機，連氏瞭如指掌，計慮至周；與其無功而犧牲，毋寧忍辱以待時。因而他斷然師承「欲其榮，守其辱」的老氏故智，避免與日人進行流血的衝突，而以思想戰術熔解敵人的堅甲利兵。於是，他在周密的文網下鼓足勇氣，揮舞如椽之筆，埋頭著述。他把我國歷代的民族運動，民族精神文化和臺灣的宗主權的歸屬問題等，一一鎔入他的鉅著之中。（註一〇）保存了民族精神，宏揚了民族志節，也激起了臺灣同胞的愛國精神與抗日決心。

丘逢甲先生於乙未抗日失敗內渡後，初任韓山書院院長，繼應僑商邱菽園之邀，赴新加坡僑居，康、梁保皇黨力邀其參加，均被拒絕，且率直表示贊成　國父排滿主張。其後返粵，設立嶺東同文學堂於汕頭，尤注意啟發學生的民族觀念與自由思想，在該堂畢業者多成爲革命黨人，如何天炯、何天瀚、劉維燾、謝逸橋、謝良牧等均爲同盟會重要幹部；李恩唐、李次温、林國英等曾參加黃岡起義；姚雨平、鄒魯等則曾參與三二九黃花岡之役。尤以三二九之役失敗後，清廷全力搜捕黨人，時丘氏適任廣東諮議局議長，力加維護，鄒魯等人才未受深究。民國成立，他以臺灣歸國義士被推爲廣東省代表，參加首任臨時大總統選舉，公推　孫中山先生爲臨時大總統。（註一一）

再說臺籍同盟會會員參加三二九黃花岡之役，一九一一年起義之前，同盟會第十四支部部長林文（時爽）決定率十九位同志由日本前往參加，世居臺北大稻埕的林薇閣志士，聞知此事，即捐日幣三千圓，供給林文、林覺民等十九位同志，充旅費和購械之用。臺灣愛國詩人許南英次子名作家許地山胞兄許贊元，亦參加此役，事後被捕，正巧清軍副將黃培松與其父有舊識，才暗地予以釋放，贊元因此成爲生還的義士。另羅福星亦直接參加是役，身受重傷，僥倖脫險。（註一二）臺灣青年雖受日本統治，但是他們的漢民族的意識很旺盛，每朝起牀就閱讀報紙看中國革命如何進展，期盼革命成功。

民國成立，二次革命失敗，由於袁世凱圖謀做皇帝之野心暴露出來，臺籍志士對袁之行爲都感到深惡痛絕，當杜聰明和翁俊明憑著一股年輕人的血氣之勇，竟欲去北京謀刺袁世凱，但用什麼方法謀刺呢？杜氏在校時對細菌學特別有興趣，擅長各種病菌的培養，便建議將霍亂菌放進自來水的源頭，「毒死」袁世凱。（註一三）民國二年八月，翁杜二人帶著三瓶霍亂細菌由基隆上船，經日本轉往大連，再經山海關，進入北京。到了北京，發現袁世凱府邸門禁森嚴，根本無法潛入，他們在北京盤桓數日，屢探形勢，知計畫不能成功，只好黯然返回臺灣。（註一四）他們暗算毒死袁世凱雖然沒有成功，但其勇氣和這種精神之表現實在可佩。

【附註】

註一　葉蔭民：中國現代史話，中華日報印行，民國六十三年八月一日出版，頁二一八。

註二　馮自由：「革命逸史」第二集，中國國民黨黨史會發行，民國四十二年十二月版，頁一四六—一五八。

註三　同註一，頁二一九。

註四　陳三井，臺灣近代史事與人物，臺灣商務印書館股份有限公司發行，民國七十七年七月初版，頁一〇一。

註五　同前註。

註六　劉本炎、翁俊明獻身黨國智仁勇風範長存，中央日報，民國七十年二月三日，第十版。

註　七　江炳成：古往今來話臺灣，幼獅文化事業公司出版，民國七十三年十一月三版，頁二九一。

註　八　葉炳輝：「杜聰明博士傳」，原載國語日報「書和人」第七期，民國五十四年六月五日出版。

註　九　陳三井：國民革命與臺灣，近代中國出版社出版，民國六十九十月二十日初版，頁二三。

註一〇　同前註。

註一一　同註七，頁二九〇——二九一。

註一二　同前註。

註一三　杜聰明著：第一輯「回憶錄」張玉法、張瑞德主編，文龍出版社股份有限公司出版，民國七十八年六月十五日初版，頁六三。

註一四　杜聰明：從毒殺袁世凱到光復時的一眶熱淚，聯合日報，民國七十年十月二十五日，第十四版。

第三節　中國國民黨

中國國民黨的組織，先是興中會、同盟會、國民黨及中華革命黨。中間雖迭更稱號，然宗旨主義未嘗或離，後來中華革命黨的成立，頗能矯正國民黨時代之渙散積習，組織、紀律均較嚴密，惟海外各地黨部因立案關係，仍多沿用國民黨的名稱，而參與討袁黨人，倉卒之間，多有舊隸國民黨，而未加入中華革命黨者，故袁氏已倒，民國六年三月，經過　國父一番籌畫，曾在民國六年三月，中華革命黨總部通告各地支部，準備恢復國民黨舊名稱。民國八年十月十日正式發出改組通告，確定黨之名稱爲「中國國民黨」。加「中國」二字者，所以別於民國元年之國民黨也。民國十一年陳炯明叛變，　國父抵滬後，默察當前內外形勢，檢討過失敗之癥結，益堅定改組國民黨之決心。乃召集在滬同志，起草黨綱及總章，於民國十二年一月一日正式發布改組宣言，說明中國國民黨係「以三民主義爲立國本原，五權憲法爲制度之綱領。」（註一）迨陳炯明被驅出廣州，　國父返粵之後，重新組織各級黨部，嚴密黨員登記，統一宣傳機構，指導海內外大會代表之選舉，革命陣容煥然一新。

一、創建黨校，完成國父遺志

民國十三年一月二十日，在　國父主持下，中國國民黨舉行第一次全國代表大會於廣州高等師範學校，出席海內外代表一百六十五人，　國父致詞勉勵各級同志要犧牲自己，要貢獻能力，改造本黨，改造國家（註二）大會三十日閉幕。通過大會宣言，關於政綱之說明：對外政策：㈠一切不平等條約如外人租借地、領事裁判權、外人管理關稅權、以及外人在中國境內行使一切政治之權力，侵害中國主權者，皆當取消，重訂雙方互遵主權之條約。㈡凡自願放棄一切特權之國家，及願廢止破壞中國主權之條約者，中國皆認爲最惠國。㈢中國與列強所訂之其他條約，有損害中國利益者，均須重新審定，務以不侵害雙方主權爲原則（註三）。以上宣言，雖未言明收回失土，但其含義亦應包括在內。

另即著手黃埔建軍，培養革命武力，並要此革命的武力與國民相結合，賦予打倒軍閥，又進而驅除帝國主義的使命。　國父認爲過去革命失敗的原因，只有黨的奮鬥，沒有革命軍的奮鬥，於是民國十三年一月，中國國民黨第一次全國代表大會期間，於是採納　蔣先生所提的建軍建議：爲求國家強盛，必先統一全國，要統一全國，必先消滅軍閥，要消滅軍閥，必先建立軍隊，要建立軍隊，必先建立軍校。在大會中提出創建軍校案，獲得出席代表一致的通過。（註四） 國父以元帥的名義於二十四日委任　蔣先生爲陸軍軍官學校籌備委員會委員長。二十八日乃指定黃埔島舊有陸軍學校與海軍學校爲校址。二月三日復任命　蔣先生爲中國國民黨本部軍事委員會委員，以專責成。負責招生，後特任　蔣先生爲此校校長。民國十三年秋，又成立教導團，革命武力初備。先在廣州平定商團之亂，又完成二次東征，最後實施北伐，促使國家統一。

北伐期間，臺籍志士宣傳國民革命軍北伐—㈠北伐成功，影響臺灣青年心理很大，左文是民國十六年一月臺灣之一篇有力的分析文章，原文說：「臺灣的本島人青年，因與中國人民同是漢族的子孫，則心理上勢不得不有受多大的刺激。」臺灣民報刊登，中國革命的將來與臺灣的影響。如全文：

灣民報　第一百四十號

中國革命軍的將來
與臺灣的影響

一、北伐軍成功的原因

自昨夏廣東北伐軍出師以來、老實是勢如破竹、不上數個月、已收湖南、湖北、江西、福建、浙江等、江南一帶的地方入於掌中。僻在一地方的廣東政府、已由廣東移轉入武昌、居然成爲評說中原的一大勢力、這是中國時局的一大變遷而且是一大奇蹟。

考察南方政府這回大成功的理由、不外左記的數点。

(一)革命軍的將士、都有抱殉主義的熱烈的精神。

(二)革命軍的組織與訓練、遠勝於舊軍閥的兵隊。

以舊軍閥的軍紀掃地、所以到處的人民大抵都厭棄他們。

(四)革命軍的宣傳隊很有力。民國成立以來的最近十五年間、舊軍閥的無惡不作、已成爲人民的怨府了。恰值此時、新興勢力的擡頭、已具備天時、地利、與人和這三種條件了。因此我們可以斷定、中國新國家的締造、定規懸於這方面之手。

二、諸列強的外交態度

中國這回國內勢力的推移、與諸列強在中國所享的利益關係、實有大々的變動。然而處目下的時局、日本的言論界、大都主張不可干涉主義、這一般的帝國主義者、內心雖有抱不滿、表面上亦守沈默的態度。這是爲理解這回的戰爭、不是因軍閥間單純的爭地盤起見的、乃是代表民衆的革命軍、與專制主義的舊軍閥的主義戰。所以不能輕々的加担舊軍閥、而致惡於中國的民衆了。

其次與中國最有利害關係的英國的態度如何？在中國的英人的思想、與言論界的傾向都主張武力干涉主義、然而英本國的輿論很是公平、例如自由黨的領袖勞意喬治(Lloyd George)、工黨的領袖馬克多那爾(Macdonald)、思想家羅素等、都反對在中國的英人的褊狹心理、主張不可干涉內政、進而承認南方政府的實力。我們因此佩服英本國的這些有先見之明的人、一面具有大國民的態度、不致在中國的利己主義的英人所迷惑、這層可以做在臺內地人的好個教訓了。

三、影響臺灣青年的心理

中國現代青年的力量、果能將這回的機會、把老大帝國變爲很有希望的青年中國、即東洋諸弱少民族的自信力、一定加了一倍的强大。臺灣的本島人青年、因與中國人民同是漢族的子孫、則心理上勢不得不有受多大的刺激。然而臺灣的現狀、使臺灣青年的雄才逸足、殆沒有發展才能的機會、這個結果、自然對現在治臺的方針、定規漸次增大其不平起來了。

臺灣的當局者、只採用臺人一官半職的綏守、便似乎是破天荒的新行、小々的臺灣民報社、亦不許可在臺灣發刊、一個新聞社、亦不許可臺灣人創辦、這些[illegible]性不除、那裏會得臺灣青年的心服呢？我們斷定治臺終局的成功、總要看々有無獲得臺灣青年的心服爲最大眼目。如果不然、外形上的施設、任是怎麼樣的完備和整然、都可比是沒有靈魂的佛像而已。

臺灣青年近來渡海過中國留學的、年增一年。他們明知中國現在的山河破碎、文運不興、尙且負笈留學的目的、一面是爲學費較賤、一面是爲在臺灣大都沒有發展才能的機會。如是、臺灣既認定不是他們可以留戀的地方、加之當局常抱疑眼鏡監視他們的行動、則他們的心理如何、便可想而知了。

四、展開策如何？

臺灣當局如果有心要計統治臺灣終局的成功、須拿大國民的襟度、先打破在臺日本人的利己主義爲前提。次而改革臺灣的統治方針、各方面多登用臺灣青年的人材、或使臺灣青年在各界有發展能力的機會、才會獲得臺灣青年的心服、以防止思想的動搖、

(二)這是一封號召臺胞參加祖國革命軍的信，登在民國十五年十月的一期臺灣民報上。據收件人的附議；仁力先生要在中國工作四年，期國力統一助外才過問××。可以知道寫信的人，是臺灣民族革命志士，他希望祖國強大後，以祖國的力量來光復臺灣。如全文：

大正十五年十月廿四日　　臺灣民報　　第一百廿八號

一封珍重的書信

友煥先生：

我們中國此去實在是有望、國民政府有兩廣做革命根據地、早巳集中革命力量。此時革命軍大舉北伐、逐々得着勝利、剋下就佔據湖南全省、再進佔了武漢到北京東三省。西北國民軍也在籌組織西北國民政府起來策應、日下攻進大同。這國民黨的革命軍隊不比平常、都是學生去入伍的、非常愛國、他們本着救國的精神、不怕死、不退却、不貪功利、不盜虛名、不受人利用、能認明這一次的戰爲什麼而戰、每一次的戰爲什麼而戰。假如上級官長或什麼主帥欲驅使他們無意義的戰、他們不但不服從、而且要除滅這個上級官長或什麼主帥、這就是接受黨的紀律與訓練。各個人都有人類進化的常識、不比平常沒有人類進化常識的人到軍隊裡做帝國主義者延長壽命的力量呀！（例一、三月十八日北京段祺瑞衛隊射殺請願民衆——學生、其後被國民軍圍要收編、陸在途中一個々槍斃。這種死法是衛隊本來沒有人類進化的常識所致。）

國民黨有這種軍隊、將來就可以達到黨治國的地步。黨治國却不是國民黨々人包辦中國的意思。國民黨不是個做官黨、國民黨々人更不要希望做官、國民黨只希望中國成做眞正的獨立國、中國國民能在世界上人類中得着平等而巳。假如國民黨外的人來幹中國這樣事情、國民黨不僅贊成而且幫助其成功。國民黨是個廣義的團體、不是個狹義的團體、若是狹義的團体、兄弟就要反對了、那有談說的價値？因爲狹義的團體是以團體爲中心、專圖謀團體的利益、缺乏圖謀團體外全體人類進化上的利益。廣義的團體適與反比例；廣義的團體是以問題爲中心、寧使團體蒙犧牲損失、不要阻礙人類進化上的利益、所以不是圖謀團體的利益。國民黨是以要打倒帝國主義——問題爲中心、擧凡要打倒帝國主義的人們都可和國民黨一致努力打倒帝國主義。國民黨是要謀全世界被壓迫民族得解放得平等、擧凡是被壓迫民族都可以到國民黨裡去找取打倒帝國主義的利器。國民黨這個團體是可以容納別個打倒帝國主義的團體的、國民黨和別個團體向帝國主義猛攻當然是要合作一團來奪取帝國主義者的戰線。國民黨和黑黨合作一團、黑黨亦即是國民黨。國民黨和赤黨合作一團、赤黨亦即是國民黨。國民黨和民衆合作一團、民衆亦即是國民黨。國民黨和全世界被壓迫民族合作一團、全世界被壓迫民族亦即是國民黨。其力量之偉大、是在打倒帝國主義——問題爲中心所由來。所以國民黨以黨治國猶其是小焉者也！

但國民黨不能和資本帝國主義合作一團而說資本帝國主義亦即是國民黨。國民黨不能和軍閥、政閥、財閥、學閥合作一團而說軍閥、政閥、財閥、學閥亦即國民黨。國民黨中未始沒有資本帝國主義那樣的人、國民黨中未始沒有軍閥、政閥、財閥、學閥那樣的人、那樣的人不即覺悟、就即落伍。因爲國民黨不是個安協黨、國民黨尤其是革命黨。絕對不容軍閥、政閥、財閥、學閥合作一團的、絕對不容資本帝國主義合作一團的！（例一、大夏校長馬君武因做段祺瑞教育部長被國民黨除名。）

國民黨既不能安協、又要剷滅軍閥、政閥、財閥、學閥、又要打倒資本帝國主義、斷不是憑口舌來講道理、作筆桿去弄文章、就可以做到的、要達到黨治國當然是要有武力才能做成！

國民黨武力力量是日日堅實增加的、從安南來的、從印度來的、從緬甸來的、從各方被壓迫殖民地來的、在軍隊裡或是軍事政治專門學校裡、都不止是中國人。這種國民黨武力並不是僅解決中國問題、中國只是其一部分、其目的是在解決全世界的問題。所以極喜歡多數中國以外的人前進合作的！（臺灣華僑及其他：有覺悟的、有受過壓迫的痛恨帝國主義而要打倒帝國主義的、都可到這裡去。）

國民黨軍兵比較帝國主義軍兵怎麼樣呢？兄弟曾聽個印度人說：印度兵可以連戰五日不食。日本兵可以連戰七日不食。英國兵一日不食就不能戰。英國兵是最下等、日本兵是最上等其實還不及國民黨軍兵在戰鬪時候可以連戰九日以上不食！至於精神方面更是帝國主義軍兵遠不及了。」兄弟又曾聽個入伍生說：他們極希望打到倫敦。」這句話雖使東方日耳曼擁有百萬雄兵的主帥、不但沒有說、並且沒有敢想及、而況其軍兵呢？可相信日本兵任什麼勇猛也未曾有個精神敢希望揮戈踏到倫敦的。

我們中國確實是有望、以上所說可以窺其一斑。其餘如航空力的擴充、派遣委員到海外宣傳航空武備之必要、一方積極培養航空人材、一方得愛國華僑努力協助、我們中國之有望、實不止於以上所述！（下略）

一九二六、八、一于永[illegible]、仁力

仁力先生要在中國工作四年、期國力統一助外才過問○○。其對中國政治在所注重、現狀當頗明瞭。我們對於臺灣島、對待[illegible]、是我們臺灣同胞[illegible]中國人民、中國[illegible]必該究。是[illegible]。友煥附識

㈢臺胞希望祖國革命成功，左二文是民國十五年的兩期「臺灣民報」預測北伐軍的勝利，並籲請日人不要支持中國軍閥，干涉中國的國民革命。如全文：

臺灣人唯一之言論機關

週刊

臺灣民報

每星期日定期刊行

大正十五年十月三日發行

第一百二十五號要目

中國北伐軍的意義

我們要解剖中國的時局、須研究一下各派軍閥的思想爲先。張作霖、吳佩孚、孫傳芳等所抱的思想、斷不是要爲中國人民造福的、無非是以自己個人的利益爲中心点。他們在來爲擴張自己的地盤起見、無端惹出許多的戰爭、分明不是爲國爲民、這層也不必多說了。我們可以斷定、他們一律是屬在封建派的軍閥吧了。

其次蔣介石是奉三民主義的、他的軍隊、又是有主義的兵、我們不管三民主義的理論如何、所謂民族、民權、民生的思想、這勝過那些封建派的專制主義多多了。最後就馮玉祥說。我們曾在北京嚮導誌(Peking Leader)、讀過他所發表的思想、不外是左記三條大綱。第一、建設真正的共和國。第二、增進自治權。第三、維持國內的平和。因此我們也可以斷定、南蔣與北馮、同是屬在民主派的軍閥。

我們大畧分析中國的軍閥、既然有這二派的思想、我們便不得不注視他們的盛衰興亡來了。如果將來是封建派戰勝、則中國人民的困苦、一定沒有超生的一日。如果將來是民主派戰勝、則中國社會的改造、想必可以計日而待的了。我們因立脚在這個觀点、看見這回北伐軍的成功、老實和在來的內戰不同、確信是中國革命以來的大事件。

廣東軍這回的戰勝、分明是表示中國新勢力的勃興和舊勢力的凋落、換句說、便是新中國的黎明期到來了。廣東國民政府提倡的三民主義、好久已侵入中國青年的腦筋、況且海外的華僑、國內的農工商階級、大都是渴望這個思想的。如是、我們洞察戰勝的由來、斷不是一朝一夕生出來的。我們看見學生軍的奮鬪、民衆的響應、豈不是好久的訓練與宣傳的結果嗎？

對付中國這般的時局、日本內地的言論界、大抵主張不干涉主義、外務省也聲明這個態度、這確實是賢明的處置。萬一若在暗中援助封建派的軍閥、那就自然能造出中國民衆的仇怨、結果不是永久的大計。故我們爲將來日華兩國的親善計、當然是排斥干涉而贊美這個嚴正不干涉主義了。

華事短訊

上海 水濮

一、漢口漢陽陷落的意義

漢口、漢陽皆已歸入革命軍的手中了。無主義的與佩孚私有的北軍，已被信奉三民主義的勇敢的北伐軍打的落花流水，差不多可說全軍覆沒了。國民革命軍的威力已經振動全國，反動的軍閥們都已覺着末日將至的悲哀了。

不過我們却應曉得，北伐軍的勝利並不單是國民政府的勝利，更不是止於國民政府地盤的擴大。國民革命軍就是人民的軍隊，人民之所以贊助北伐軍、代北伐軍做開路、爲北伐軍做運輸者，就是因爲牠是人民的軍隊。北伐軍權是人民和武力合爲一体的，所以克服漢口漢陽就是證明人民和武力合作的勝利，就是證明中國民衆的勝利！

北伐軍所信奉的是三民主義。三民主義照孫中山先生的話就是「救國主義」。所以北伐軍總以救國救民爲目的，不擾民，不拉夫，奮不顧身，爲國而戰。因此，北伐軍的成功就是中國解放的成功，北伐軍的失敗就是中國解放運動暫時間的失敗。北伐軍已克

[illegible]

之路愈加接近了！這是我們可爲中國祝賀的事体。

更進一步，我們還可以看見北伐軍的勝利並不單是中國之幸、而同時也就是世界之幸。現在的中國可算是黑暗的勢力的最後的藏身地、帝國主義的一個極大的根據地、倘若中國革命成功，即帝國主義將受莫大的打擊，全世界的黑暗也將隨之而滅亡。所以漢口漢陽的克服，中國革命軍的成功對於全世界是很可歡賀的事情，我們可爲全世界慶賀之！

我們在這次的戰爭看得很明白，北伐軍之勝北軍，並不是單々因爲視死如歸，而是因爲牠是有主義的軍隊。只因爲牠是有主義的，所以兵士才能不怕死，守規紀，才能奮勇直前，勢如破竹。也只因牠是抱着救國主義的，所以民衆才能援助牠，才能和牠結合。以後雖然還有許多的戰爭，但是我們却相信我們的國民革命軍決不會敗沒的。我們相信，可敬的爲國而犧牲的北伐軍士定能使敵人聞風恐怕，則使有失敗的時候，牠也一定會馬上再與的！

現在牠已爲中國的解放，爲掃清帝國主義的爪牙，起而奮戰了。牠已打敗了賣國害民的吳佩孚了。牠已將勾結帝國主義者的軍

[illegible]

我們對中國解放運動的第一步的成功應該如何喜歡？我們謹以至誠祝賀中華民國早日達到解放之域，全世界的光明早日來臨！同時我們希望讀者們，切不可將「北伐軍」（即普通說的南軍）和「北軍」看爲同一種類的軍隊！「北軍」是帝國主義的爪牙，是吞吃中國人的膏血的東西，是中國軍閥的軍隊。但是「北伐軍」却是民衆的軍隊，是要打倒軍閥、打倒帝國主義，解放中國的軍隊。「南北戰」並不是「南方」對「北方」的戰爭，而是「帝國主義的爪牙」與「中國民衆的軍隊」的決戰。這一点是我們千万不應忘記的。

二、又想做出把戲了、

常々有許多人，他們是不曉得中國內亂的原因的，他們是不曉得帝國主義者的把戲的，他們都是這樣說：「中國人內政都不修，還敢說什麼打倒帝國主義」！咳！大家莫要被帝國主義者的騙局欺瞞吧！軍閥橫行，不平等條約滿身，中國那能安靜，那能發達，內政又那能修明？不平等條約是不是中國人喜歡的？是什麼人不肯廢除的？軍閥豈不是帝國

[illegible]

二、團結黨的力量，光復失土

日本侵華，早有陰謀，軍閥豐臣秀吉曾言：「征服高麗爲征服中國之前奏，征服中國爲征服亞洲及統治世界的前奏」。此一軍國主義思想，乃成爲日本侵華的一貫政策。到了民國十六年日本田中一義組閣，於七月二十五日曾提出田中奏摺：「欲征服世界，必先征服中國；欲征服中國，必先征服滿蒙」。是爲豐臣秀吉侵略思想發展更見具體化。民國十七年五月三日出兵濟南，慘殺我同胞，阻撓國民革命軍北伐，六月四日在皇姑屯車站，炸死張作霖後，其進行「滿蒙政策」更爲積極。民國二十年九月十八日，日本關東軍蓄意製造事端，以爲進兵侵略之藉口，侵佔我東北。民國二十六年七月七日，又在盧溝橋製造事端，竟又佔領平津。迫使中國全面抗戰。七月十六日， 蔣委員長在廬山對學術領袖宣示：「戰爭一起，則地無分東南西北，人無分男女老幼，均應抱定爲國奮鬥之決心，與敵人作殊死戰。如有中途妥協，與喪失尺土寸地者，即爲中華民族歷史上之罪人。軍人守土有責，雖戰至一兵一鎗，亦必與敵人抗戰到底。」（註五）

臺胞在中國國民黨領導及總裁號召下，普遍響應祖國抗戰。自從余清芳抗日失敗以後，臺胞鑒於此一慘痛的教訓，遂改變革命的方式。有一位臺灣革命家曾說：「要致力於臺灣革命運動，非先致力於中國大陸革命成功不可。俟祖國強大的時候，臺灣才有光復之日。待祖國有勢力的時候，臺灣才能脫離日本強盜的束縛。」因此，不少有志的臺灣青年，冒險回到祖國，參加抗戰。抗日組織亦紛紛成立，「臺灣革命同盟會」是他們的總會，其宗旨爲：「本會在中國國民黨領導之下，以集中一切臺灣革命力量，打倒日本帝國主義，光復臺灣，與祖國協力建設三民主義之新中國。」緣此而有三項重要綱領：

一、臺灣乃中國失地，臺灣革命爲中國國民革命之一環，中國抗戰勝利之日，即臺灣人民獲得自由解放之時，本會決忠實遵行三民主義及抗戰建國綱領，服從　蔣總裁領導，積極發展革命鬥爭。

二、本會確信打倒日本帝國主義，乃光復臺灣之惟一途徑，爰決加緊團結臺灣各族各界反日本帝國主義之革命力量，積極參加祖國抗戰，以促日寇早日崩潰。

三、聯合同情臺灣革命事業之各民族、團體或個人共同奮鬥，爲完成革命之要者，本會決與日本、朝鮮革命勢力，東方被壓迫民族，乃至反侵略之世界人士保持密切合作或聯絡。

這一宗旨和綱領，不只是對臺灣抗日革命運動，正式納入了中國國民革命的一環，並且明確地指出了臺灣志士要求復土，中國抗戰是爲光復失土的共同目標。（註六）

附表：臺灣革命同盟會組成表

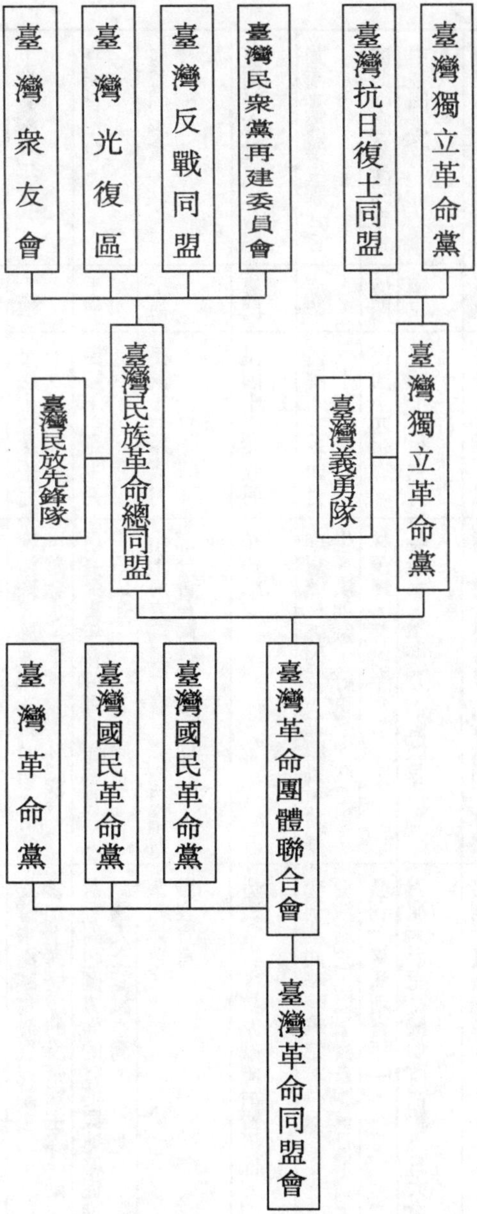

另在祖國求學的臺籍青年所組成的反日革命性組織，列表明如下：

名稱	地點	時間	主要參與人物	活動
北平臺灣青年會	北京	民國十一年一月	蔡惠如、林松壽、林煥坤、劉錦堂、鄭明祿、黃兆耀、陳江棟	與臺灣文化協會暨臺灣議會設置運動均有密切聯繫。民國十二年「治警事件」發生，曾發表宣言抗議。
韓、臺革命同志會	北京	民國十一年	張鐘鈴、洪炎秋、李金鐘、呂茂宗、楊克培。	參加中國國民黨。
上海臺灣青年會	上海	民國十二年十月十二日	謝清廉、施文杞、許乃昌、許水、游金水、李孝順、林鵬飛	支持臺灣議會設置運動；參加上海民衆的反帝國主義運動。
臺灣自治會	上海	民國十三年五月	由臺灣青年會幹部及旅滬臺籍人士組成。	著重對祖國方面的宣傳與連絡促進祖國人士認識臺灣。
臺韓同志會	上海	民國十三年六月二十九日	由上海臺灣青年會、臺灣自治會部分會員聯合韓國方面若干人組成。	散布傳單。發表宣言。
臺灣尚志社	廈門	民國十二年六月二十日	李思禎	發表宣言、抗議臺灣治警事件。
閩南臺灣學生聯合會	廈門	民國十三年四月二十五日	李思禎、郭丙辛、王慶勳、翁澤生、洪朝宗、許植亭、江萬里、	發刊「共鳴」雜誌。編演新刻，以激發臺胞抗日情緒。
廈門中國臺灣同志會	廈門	民國十四年	林茂鋒、郭丙辛	發刊「臺灣新青年」。
中臺同志會	南京	民國十五年三月二十一日	吳麗水、李振芳、藍煥呈	召開「反對臺灣始政治紀念日大會」。
廣東臺灣革命青年團	廣東	民國十五年十二月十九日	謝文達、張月澄、張深切、林文勝、洪紹潭、郭德金	出刊「臺灣先鋒」。參加「國恥紀念日」的示威遊行，發表反日文稿。

海外的臺灣留學生，尤其是在祖國薰陶下的青年們民族意識的覺醒，以及革命組織紛紛成立，不僅是意味著他們反日思想的萌芽，更顯示出他們推翻日本暴虐政治的決心。他們的抗日行動，在精神上是與臺灣本島聯成一氣的，在力量上更是與祖國的國民革命運動結爲一體，聲息相通的。（註七）

同時，在臺灣革命志士翁俊明先生的努力下，中國國民黨在臺灣的黨務，也有了順利的開展。翁先生是臺南人，早年曾參加　國父所領導的同盟會，暗中策動臺胞革命。後來他因爲所處的環境太惡劣，隨時有被捕的危險，就去廈門活動。抗戰初期，他去香港成立革命團體，對臺灣展開革命活動。

圖六　翁俊明先生遺像

這時候，臺胞在大陸上組

織的抗日革命團體很多，民國二十九年，他們公推翁俊明先生去重慶，建議我最高當局收復臺灣，並且把這些團體聯合起來，改稱爲「臺灣革命同盟會」。中央不但答應翁先生的請求，並且開始籌備臺灣黨部，教翁氏負責籌備。民國三十一年，翁氏曾建議中央籌辦幹部訓練班，訓練從事臺灣革命的工作人員。民國三十二年春，中央鑒於臺灣工作的重要，把中央組織部直屬臺灣黨部籌備處，改稱「中國國民黨直屬臺灣執行委員會」，在福建漳州正式成立，由翁俊明先生任主任委員。翁氏奔走各地，策動富有民族意識的本省同胞抗日，並聯絡島內工作同志，吸收隨日軍侵犯大陸的省籍優秀份子入黨。當時吸收的

中國國民黨中央執行委員會任用書

任用翁俊明同志
爲直屬台灣黨部執
行委員會主任委員

總裁 蔣中正

中華民國 三十二年 三月 八日

校對 呂介人

特字第 號

圖七　特任翁俊明爲臺灣黨部執委會主任委員

臺灣籍黨員，除了島內不算，共有六百八十九人，可見其輝煌的成績。沒想到日本對翁氏很害怕，竟在三十二年十一月十八日，派人在漳州毒殺他，但是其他的革命志士，因翁先生的殉職，反而愈加奮發，再接再厲。

臺灣的反日革命，和大陸上的抗日戰爭，從相呼應到滙合流，共同協力，終於在總裁蔣公領導下祖國獲得最後的勝利，臺胞也達到了「歸宗祖國」的願望。（註八）

中華民國三十四年十月二十五日，日本駐臺總督安藤利吉簽署投降書，在臺北市公會堂（光復後改為中山堂）內舉行受降儀式。從此日起，於是臺灣六百年五十萬的同胞（包括漢民族及土著高山族）（註九），在事實上和法理上都恢復了中華民國國籍，臺灣這塊土地於是也正式重返中國領土的版圖了。

【附註】

註一 「革命文獻」第八輯（總頁一〇四四—一〇四七）。

註二 同前註（總頁一一一四）。

註三 中華民國各界紀念 國父百年誕辰籌備委員學術論著編纂委員會編，國民革命軍史，該會出版，民國六十九年十月再版，頁三三六。

註　四　「民國十五年以前之蔣介石先生」上輯，頁二五〇。

註　五　「蔣總統言論集彙編」卷十三，頁一—四。

註　六　謝東閔等合著：國民革命運動與臺灣，中央文物供應社印行，民國六十九年五月五日出版，頁六四。

註　七　同前註，頁一四四—一四六。

註　八　中國國民黨中央委員會黨史史料編纂委員會編，中國國民黨與臺灣，民國五十三年十一月二十四日出版，頁三九—四〇。

註　九　江炳成著：古往今來話臺灣，幼獅文化事業公司印行，民國七十三年十一月三版，頁三〇三。

第四章　國父與臺灣之關係

第一節　倡導革命，恢復臺灣

偉大的　國父革命思想產生，一是由於滿清清廷腐敗無能，割地賠款，受到帝國主義壓迫，使中國地位在國際上一落千丈。二是由於西方科學進步，中國落後，不如西方。　國父十三歲時隨母楊太夫人赴檀香山，始見「輪舟之奇，滄海之闊，自是有慕西學之心，窮天地之想。」遂與改造中國之念。在檀香山求學到十八歲回國，當時看到「堂堂華國，不齒於列邦；濟濟衣冠，被輕於異族；朝廷則鬻爵賣官，公行賄賂；官府則剝民刮地，暴政虎狼。」（註一）國父因萌推翻滿清創建民國之大志。　國父深信他的革命事業，是「順乎天理，應乎人情。適乎世界潮流，合乎人群需要」（註二）。滿清雖先有曾國藩、李鴻章等倡導「洋務運動」，亦稱「自強運動」。後亦有康有爲、梁啟超等倡導「維新運動」。但昧於世界潮流，終無法挽救清朝之厄運，而失敗了。唯有　國父孫中山先生倡導革命，適乎世界潮流，合乎人群需要，而成功了。

一、由提倡改革到立志革命

中山先生隨母遠渡檀香山，經過三年的西學生活，經過所見、所聞、所學，啟發良多，因此「改良祖國，拯救同群之願，於是乎生。」（註三）事實上，當他返抵國門之初，即已開始提倡「改良祖國」的工作。初對村民宣傳改革，未能獲得他們積極的反應，他卻決定做下去。離開故鄉，來到香港，繼續他的西學志趣，進入英國聖公會主辦的拔萃書室(Dicesan Home)。課餘又從倫敦傳導會長老區鳳墀習國文。這是中山先生最早所接觸的才智之士之一。（註四）

一八八四年四月，中山先生轉學香港中央書院，此校創於一八六二年二月，是香港政府公立的學校，以溝通中西文化爲宗旨。此校設備完善，教學嚴格，教師大多是英國上等人士，對中山先生啟發很深，正可滿足他的求知慾。

正當中山先生在香港中央書院專心向學之際，因家產事故，長兄德彰忽來信，要他前往夏威夷，事情解決後，中山先生自檀香山第二次返回故鄉，大約是在一八八五年四月。這時正值中法戰爭完了，中法雙方戰爭期間，互有勝負。清廷卻於是年六月與法國在天津訂立中法越南條約，使安南淪爲法之保護國。這件事，給予中山先生以極大的刺激。中山先生在其著作中，曾一再提到他之決志革命「推翻滿清，創建民國」實受這次中法戰爭的影響。例如民國八年（一九一九）在其所著「孫文學說」第八章中指出：「予自乙酉（一八八五）中法戰敗之年，始決傾覆清廷，創建民國之志，由是以學堂爲鼓吹之地，借醫術入世之媒，十年如一日。」（註五）

儘管中山先生自述從一八八五年中法戰爭結束以後即立志革命，而十年（一八八五—一八九四）如一日，但在一八〇九到一八九四年間，所發現中山先生的幾篇著述中，如致鄭藻如書，盛世危言中的農功篇，以及著名的上李鴻章書，都充滿改革維新的論調，與其反滿革命思想，似有矛盾之處。因此一般研究中山先生早年思想者，是傾向於改良？還是革命？頗有不同的看法，其實在中山先生的觀念中，認爲革命與維新，是一體兩面，相輔爲用的。所謂「改革的思想，乃革命之起點也。」（註六）

中山先生在廣州博濟醫院的醫校求學甫經一年，即一八八七年轉入香港新創立的西醫書院。他進西醫書院的目的，一方面愛其學科較優，可以求得眞實的學問；同時香港地方比較自由，便於鼓吹革命。中山先生在西醫書院讀書時，其言論已充滿革命思想，要推翻滿清，廢除帝制。當時西醫書院有位同學關景良，關氏之母亦在該院任英文翻譯，平素善待中山先生，見中山先生言論激烈，嘗問云：「你志高言大，想做什麼官，廣東制臺嗎？」或「想做欽差嗎？」或「想做皇帝嗎？」中山先生答：「皆不想，我想推翻滿清政府，還我漢族河山，那事業比皇帝更高大了。」此「比皇帝更高大之事業」，當指建立民主政府之意。（註七）

中山先生於西元一八九二年七月在香港西醫書院經過嚴格的畢業考試，以第一名榮譽成績獲得畢業，並發給畢業執照。即具有行醫的資格。但香港醫學會卻不承認。無法在香港開業，只好到澳門開業，雖然醫術遠揚，求治者甚衆，而尤以外科爲繁。（註八）惟行醫不久，澳門當局亦施壓力，頓受阻礙，而資金的損失，亦甚慘重。澳門行醫受阻，乃於一八九三年春遷至廣州行醫。尤其中山先生醫術精湛，且對待病人親切，因此業務蒸蒸日上。儘管醫務興隆，但他不過藉此以爲入世之媒；志在救國改革，一八九四年，他將東西藥局的事務交給店夥管理，自己回到香山故鄉專心撰寫救國大計的文章去了。這就是衆所熟知的上李鴻章書，提出四大改革綱領，是按照中國傳統社會的士、農、工、商四大階層來立論，即人盡其才，地盡其利，物盡其用，貨暢其流。所以他認爲：「方今中國之不振，固患於能行之人少，而尤患於不知人之多。」（註九）此次北上，要求改革的嘗試，並未如願，再度的遭受挫折。乃「知和平方法無可復施。然望治之心愈堅，要求之念愈切，積漸而知和平之手段，不得不稍易以強迫，同志之人，所在皆是。」中山先生也認爲：「革命的事情，是萬不得纔用。」他當時和陸皓東由京津回到上海時，中日戰爭的消息，已充滿報紙篇幅。日勝我敗，這時中國的「上等社會多不滿意於海陸軍人之腐敗貪黷，平時驕奢淫佚外患既迫，則一敗塗地。因此人民怨望之心，愈推愈遠，多有慷慨自矢，徐圖所以傾覆而變更之者。」（註一〇）從此中山先生便以實際的行動，來做推翻滿清統治的運動了。

二、創立興中會，成立臺灣分會

中華民國的創立，是由於中國同盟會之艱難締造，而中國同盟會的前身，則爲孫中山先生所手創的興中會，孫先生雖於清光緒十九年（西元一八九三年）在廣州行醫時，即有設立革命團體之倡議，但興中會確係於清光緒二十年十月二十七日（西元一八九四年）十一月二十四日創立於檀香山；二十一年（一八九五）一月復設興中會於香港，以爲革命活動的基地。

興中會總會成立後，除了計畫策動起義外，並計畫擴展各地組織，臺灣雖然在甲午中日之戰，失敗後割讓日本，但　國父中山先生並未忘掉臺灣。因此中山先生在檀香山創立興中會時，就提出恢復臺灣，還我故土人民之主張。（註一一）

廣州第一次起義失敗後，陳少白口述：孫先生到日本時，我正想整裝南下，到臺灣一行，把我的意思同孫先生商量，我說：「我倆人困守一方，無從發展，不是一個辦法，現在你既然到了日本，日本方面的事情就可由你管理，我想乘此時機，到臺灣一次。自從甲午戰敗，滿清政府把臺灣割給日本之後，年來不知攪到怎樣一個地步，我沒有到過臺灣，我倒要前去觀察觀察，那裡我有一個朋友約我去看他，我能夠在那裡活動活動，或者可以把那裡的中國人聯絡起來，發展我們的勢力，豈不較勝在這裡。」孫先生深以爲然，從此我就別了孫先生一人南去。

當時我到臺灣，其實也太過馬虎，因爲在臺灣只有一個未嘗見過面的日本朋友在臺南當律師，又係朋友介紹，若果尋他不著，就不堪設想了。

幸而當我決意往遊臺灣時，有一個日本醫生，姓後藤名新平，爲人幹練多才，係新任臺灣總督兒玉的至交密友。那總督要他到臺灣共事，就保薦他做了臺灣民政長官還未赴任。日本友人知道我也要到臺灣去，使介紹我往見他，把我要漫遊臺灣的事告訴他。請他幫忙，他也慨然允諾。

第二天，我從基隆乘火車到臺北城去。我在臺北，一個人都不認識，我那日本律師朋友，是在臺南的，閑極無聊，記得一個同過事的朋友，傳說在此經商，但不知落在何處。四處問訊，知道城北附近有一個地方，叫大稻埕，係熱鬧買賣的去處，可以遊的，我就坐車子到那裡去。只街道狹窄，污穢不堪，祇得下車步行，順著路走去，留心看那兩旁店家的招牌，以爲普通店家的招牌，多半帶有資本家家鄉地方的色彩，走了不多路，就給我看見一家招牌，寫著廣嘉興三字。我想這是廣東人開的舖子無疑了，就跑進去，豈知腳踏進門，店內大小，都往裏面跑說：「大人來了！大人來了！」隨後有一個年老的人出來，說：「大人，我們已經登記過了！」那時候日本人在臺灣恣睢暴戾，臺灣人畏之如蛇。凡日本人，無論貴賤都要人稱呼他爲大人的。看見我進去，以爲又是日本人來藉端需索了，我就打著廣東話說：「你們不要怕，我是中國人，並不是日本人。」這個老年人像有點不相信，我問他是那裏人，他急忙就說是大日本人。因爲凡在臺灣經商，不是日本人，就幾乎不能立足，後來多方開導，他始肯說出是廣東嘉應縣人。廣嘉興三字之出處原來如此，我祇猜著了一部分。嘉應縣居民俱是客籍人，與廣東土人言語不大通，甚少往來，我知再說無益，退了出來。又見對面有一間中國藥店，我就向裏邊一個掌櫃問道：「這裏有沒有廣府人的商店？」他說前面不遠有間茶葉店，是廣東香山人開的。我謝了他，向前去，找著那茶葉店，走進去，用廣東話向他們問，有一個香山人姓楊，名心如的在臺北，不知道他們認識不認識。他們都說認識的。我問現在住在什麼地方，他們說在一間辦茶的洋行，叫良德洋行裏。我說初次到臺，路途不熟，可否請派一個人去替我請他來。這時候，外面跑進一個人來，聽見我說楊心如就插嘴說楊心如在前幾天，已回廣東去了，不必去找了。我聽了，眞像是當頭澆了勺冷水。從旁又有一個人說，昨天還在什麼地方見過他，回鄉之說，恐怕不確。我說無論如何總費心替我打聽打聽，他們也以爲然，就派了一個小夥計找去。不上半個小時，楊心如果然跟著小夥計來了，握手相慰，這一番快樂眞是非同小可。他說快走回去再說吧，我就謝了茶店裏的人，跟楊心如到良德洋行。

這良德洋行是福建廈門人吳某所開，規模宏大，那時候已由吳某之子吳文秀繼承，楊心如就在這洋行，替他當司賬，賓主甚相得。我同楊心如進去，見過了他的東家吳文秀，他這東家，年事雖未三十，卻是十分老成，且有志氣，我們之事，他從楊心如口中，聞之耳熟，相見之下，愈見親切，立刻要差人到我棧房裏，把我行李搬進去，可以時時歡敘。我見其情足感，又可免旅邸無聊之苦，只好順從其意。領了一個夥伴回到棧房，把東西收拾好，一同回到良德洋行住下。故友新交，推誠招待，令人眞有如歸之樂，一住便過了十多天。（註一二）

在這十幾天，楊心如（楊鶴齡的堂弟），他是在廣州參加第一次起義失敗後來到臺灣，在吳、楊的介紹，認識了廣東大商趙滿朝、容祺年等，由於他們熱心協助，於是在臺灣組成了興中會臺灣分會，入會的人也非常多。至於中山先生也非常重視臺灣，對臺灣同胞有格外深厚的感情，我們可以從他多次蒞臺的史實中可見一斑。

【附　註】

註　一　陳少白：興中會革命史，中央文物供應社，民國四十五年六月版，頁五。

註　二　中國國民黨中央黨史史料編纂委員會編訂，國父全集第二集「孫文學說」第八章「有志竟成」，該會印行，民國六十六年元月出版，頁八〇。

註　三　教育部編：中華民國建國史（第一篇—革命開國㈠），國立編譯館出版，民國七十四年四月，頁一四八。

註　四　同前註一五〇。

註　五　同註二：第一章，頁四九一。

註　六　同註三，頁一五二。

註　七　同前註，頁一五八。

註　八　同註二，第二冊（倫敦被難記），頁六。

註　九　同前註，第二冊（上李鴻章陳救國大計書）頁六。

註一〇　同註三，頁一六六。

註一一　曾迺碩：國民革命與光復臺灣，中央日報，民國六十八年十月二十五日，第十一版。

註一二　中國國民黨中央委員會黨史會編，國父孫中山先生與臺灣。該會出版，民國七十八年十一月二十四日初版，頁五〇—五四。

第二節　國父為了革命三次來臺

中山先生第一次來臺，是光緒二十六年（西元一九〇〇年）八月九日，他偕日本同志多人，經上海抵達臺北。米幾平山、宮琦亦自香港來會。時臺灣總督兒玉源太郎，對　國父素表欽佩，事前早有連絡；故　國父來臺後，特派民政官長後藤新平與　國父保持密切聯繫。許起事後可以全力相助。　國父在新起町（按：今長沙街一帶）組織指揮所招募軍事人員。命鄭士良作準備，並指示不直逼省城，先佔領沿海一帶，等候　國父抵達，親自指揮進攻。（註一）

初鄭士良奉命後，以惠州歸善縣之三洲田為根據地。時有黨人六百、槍械三百枝，子彈各三十發。以武器不敷，國父命鄭士良暫勿發動。因日久乏糧，乃留八十人守軍營，而散其大衆，寄食附近同志家。因恐風聲外洩，凡附近之村民迷途誤入軍營者，悉拘留不許外出。於是謠言四起，紛傳三洲田有革命軍數萬人揭竿而起事。兩廣總督德壽聞報大驚。急調水師提都何長清，率虎門防軍四千進駐深圳。陸路提督鄧萬林，率惠州防軍由淺水入鎮隆，以塞三洲田出路。兩路清軍咸懼革命軍聲勢，不敢前進。士良以戰機日迫，電告臺灣迅速接濟。國父初復電籌備未竣，令暫解散，徐圖前進。而革命軍諸將領皆以清軍不堪一擊，咸欲與一戰。士良乃續電國父，將率軍沿海東岸口，乃請盡設法援助，國父命士良直趨廈門，一面派宮琦速返東京，交涉利用代菲律賓獨立軍所購之軍械。時清將何長清已移鋒二百人進駐新安縣之沙灣，哨騎及於黃岡，勢將進窺三洲田。士良爲先發制人計，乃於閏八月十五日晚，命部將黃福率敢死隊八十人，夜襲清軍於沙灣。奪洋槍四十枝，彈藥數箱，殺清軍四十餘人，俘虜十餘人。悉令剪除髮辮，服役軍中。清軍不知虛實，驚駭潰散，革命軍聲勢大振。

清軍雖敗，而各地駐軍仍多，擒其副將杜鳳梧，奪獲洋槍洋刀七百餘件，彈藥五萬發，馬十二頭，旗幟袇翎頂等物不計其數，鎮隆遂以收復。二十四日，士良以清軍勢力，非出奇不足以制勝，乃率所部向永湖進發。沿途激戰，所向無敵，以軍嚴明，各處鄉民紛燃爆竹相迎送，群酒食來慰勞。而自動參加者達數千人，途遭淡水，惠州兩路清軍五六千人來攻，士良擊之，清軍大敗，傷亡甚重，提督鄧萬林中彈墮馬逃走，革命軍復奪洋槍五六百枝、子彈數萬發、馬三十餘匹。俘虜清軍數百人，皆令剃髮隨車行。

二十六日，革命軍進至崩岡墟，見隔河清軍麕至，衆約七千餘人，士良乃據高地佈陣嚴守，相持一日，入夜以奇兵襲之，清軍復大敗。二十七晨，士良壓清軍而陣，苦戰數小時，清軍再潰散。是日革命軍抵黃沙洋，因彈藥不敷，未能窮追。

二十八日，革命軍經龍岡、淡水，轉戰至三多祝，佔領新安、大鵬，至惠州、平山沿海地。是時革命軍人數已增至兩萬餘人，士良乃編營伍，厚集糧餉，以備三多祝至梅林間五日所需。計畫至福建後，疾趨廈門，以接臺灣武器之接濟，然後大舉進攻內地。

中山先生在臺灣聞革命連戰皆捷，甚爲欣慰。及接宮琦來電，知中村彌六前代菲律賓獨立軍所購軍械，實係廢鐵，不能應用。加以日本內閣適於此時改組，新總理伊藤博文不同情中國革命，禁止日本武器出口，並限制日籍軍投効中國革命；於是　國父內渡及接濟武器之計畫遂遭破壞。乃遣山田良政與同志數人，自臺灣經香港，從海豐上岸，於二十九日抵達白沙革命軍營。傳達　國父命令曰：「政情勿變，外援難期，即至廈門亦無所得，軍事之事，請司令自決前進。」（註二）全軍將士聞之無不扼腕歎惜。其後　國父檢討此役失敗之原因曰：「惠州無功，非戰之罪。使日本政府仍守前內閣方針，則兒玉氏不致中變，即不爲我援助，而武器出口及將校從軍者不爲禁制，則余內渡之計畫不破，資以利器，復多知兵者爲之指揮，方其時士氣方張，鼓行而前，天下事寧復可量？」（註三）惜哉！功敗垂成也。

中山先生第二次來臺爲民國二年討袁失敗。國父以寧滬方面無望，乃乘德國輪船赴香港，入粤主持。船到福州，有日本福州領事館駐在武官大佐多賀宗之聞悉，即往謁見，言廣東方面陳炯明已逃去，亦無能爲也，且岑春煊被香港政府扣留，適有信濃丸泊此，其船長郡寬四郎，吾摯友也，可秘密乘此船赴臺灣，轉渡日本，外間無知者。孫先生感其高義，從之。時與孫先生同行者爲胡漢民、李朗如、梅光培諸人。孫先生乃集胡、李、梅諸人，處置各事，囑李、梅等赴港，獨與胡渡臺。並謂梅曰：「君由美國華里回來，志切革命，不幸失敗，去國日久，回來人地生疏，錢財不可不多帶。盡以所存六百餘金予之。梅知孫先生僅有此數，此次赴日不可無款，故不允受，孫先生于益力，並言余行革命數十年，並未曾爲金錢所絕。二人予讓，久未決。後胡漢民云：先生所予不可不受，至先生方面余處尚有款存，可以無慮。梅乃受之。大佐既得孫先生允赴臺，乃囑郡寬四郎謝絕中國乘客，立即啟行，船抵臺灣後，轉航日本神戶。孫先生於途中以無錢電達日本友人犬養毅、頭山滿，萱野長知等，請其照料。時袁世凱以孫先生一到日本，於彼前途不利，已通牒日本拒絕上岸。是時犬養毅、頭山滿以孫先生已在途，不設法則上岸必無幸。乃一面與內閣總理山本權兵衛交涉，一面萱野赴神戶，妥為照料。然山本有徇袁世凱意，無何信濃丸抵神，警察，報館已得孫先生乘此船而來消息，紛紛上船探查，幸船長郡寬四郎早為防備，揚言船無孫先生其人，將船冊出示，偵探、記者不信，駐候如故。船長再導衆徧閱各乘客房間及職員住室，以釋群疑。蓋船長住室有內外，以外室示偵探記者，而以內室匿孫先生也。然仍有不信者。信濃丸泊此，惟時無多，孫先生勢須登岸，而未得日本政府之許可，偵探監視仍密。萱野長知覩此情形，乃與三上豐夷（孫先生友人，民國前為中國革命盡力不小），松方幸次郎（川崎造船所所長元老松方正義公爵之子）籌商。第一步先設法秘密同孫先生上陸，然後再謀第二步。時松方有一別墅孤立神戶山上，左右無鄰。孫先生寓此自無知者。但是時袁世凱向川崎造船所定有軍艦三艘，尚未竣工，倘知孫先生秘密上陸，為造船所所長松方所為，勢必退約，如是該造船所損失必至破產，然松方不為利害計，竟為義理所激，但須萱野、三上二人堅守秘密而已。乃冒險黑夜以該所之小汽船近信濃丸，迅速迎接孫先生過小汽船，繞道而駛回該造船所最崎嶇難行之處而上陸，與萱野、松方二人步行登山，以避一般人之耳目，暫潛居山上之別墅旬餘。由犬養毅、頭山滿強硬與山本內閣交涉，終得默認孫先生在日本居留，孫先生乃乘車而至

東京，繼續籌畫討袁。蓋孫先生不以此區區之艱難而廢其討賊之大義也。（註四）

中山先生第三次來臺是民國七年，因爲在廣東軍政府改組。當時護法政府雖成立，但陸榮廷和唐繼堯並無法護法誠意，尤其是陸榮廷早將兩廣視爲私有地盤，更不願軍政府有所發展。其後更與國會非常會議中的政學系勾結，陰謀改組軍政府。（註五）民國七年五月四日，運用非常會議通過改組軍政府，改大元帥制爲總裁制。五月十日選中山先生、唐紹儀、伍廷芳、唐繼堯、林葆懌、陸榮廷、岑春煊七人爲總裁，而以岑春煊爲主席，對外通電願與北京政府罷兵言和，護法精神全失。國會非常會議決定改組軍政府後，因爲廣東革命遭受失敗，國父決定離廣州，第一步先到汕頭，然後經臺灣轉赴日本。這時 國父有一個計畫，就是到臺灣，想和臺灣同胞見面，發表他的意見，宣傳他的主張，喚起民族意識，鼓舞愛國精神。我們的 國父抵達臺灣的時候，臺灣同胞非常高興，很想要表示熱烈的歡迎，可是日本政府—臺灣總督府—拒絕 國父和臺灣民衆接近，所以 國父計畫在臺北和我們親愛的同胞見面，不但受了阻礙，國父一抵達臺灣，臺灣總督府不許我們的 國父逗留，用盡種種方法，要阻止 國父上陸和臺灣同胞見面的機會，臺灣同胞雖然十二分誠意要歡迎 國父，但受了日本政府阻撓，終於未能達成目的。臺灣的日本官憲派人到船中招待，並幫助我們隨時可以去日本，他們的意思是要阻止臺灣的民衆和 國父會見，結果我們雖然上陸到了臺北，但日本官憲發表「總理因急欲赴神戶，將乘明日開往神戶的輪船，只逗留一天」的消息，催促我們離臺。由此我們可見日本如何急要離間我們的革命同志。（註六）主要深怕　國父革命成功後，不利於對臺之統治。

【附　註】

註　一　中國國民黨中央黨史史料編纂委員會編訂，國父全集，第八章（有志竟成），該會印行，民國六十六年元月出版，頁三三。

註　二　中華民國各界紀念國父百年誕辰籌備委員會學術論著編纂委員會，國民革命史（全一冊）該會出版，民國六十九年十月再版，頁三三。

註　三　同前註，頁三七。

註　四　中國國民黨中央委員會黨史會編，國父孫先生與臺灣，該會出版，民國七十八年十一月二十四日初版，頁二五七—二五八。

註　五　葉夏聲「國父民初革命紀略」，孫總理侍衛同志社印行，民國三十七年十一月，頁一二五。

註　六　同註四，頁三六三。

第三節　國父逝世；臺胞哀悼

中山先生對臺灣之光復，自始至終，都不會忘記，國父在北京逝世前，曾談和日本有關的三重要事項，他說；我們對日本應該主張的問題，最少限度有三項，一是廢除日本和中國所締結的一切不平等條約，二是使臺灣和高麗最低限度獲得自治，三是日本不得阻止蘇聯和臺灣、高麗的接觸。這是我們對日最低限度主張。由這件事，我們可以了解總理雖然在病中，還在愛護臺灣的同志和臺灣同胞的革命。在臺灣的革命運動，我們應採取的第一目標，是設置議會及自治政府，這是　國父在病中所說的話，並希望中國完全獨立。（註一）

一、國父為國操勞，病逝北京

民國七年（西元一九一八年）十月，徐世昌就任北京總統後，北方直皖兩系益趨水火，馮國璋於民國八年十二月二十八日病故，直系乃奉曹錕為領袖，皖系以邊防軍為後盾，復得奉系暗助，論其聲勢遠出直系之上，故歷任內閣皆受段祺瑞所控制。奉系本同情皖系，至是因外蒙古取消自治，受皖系徐樹錚宰制，而改變態度。俟直皖戰爭，奉系雖遣軍二師入關，揚言助直軍，然東路之戰，竟作壁上觀，及皖軍敗退，所遺輜重盡被奉軍滿載而去，直軍將士憤懣不平，大有動兵截擊之勢。乃戰事終了，曹錕、張作霖、吳佩孚入京會議善後，吳以戰勝首功，且爲一時輿論所贊賞，未免不可一世，張則以吳乃曹之部將，甚爲藐視，彼此發生極大仇視。後竟引起直奉戰爭，直又勝。曹錕一戰勝皖，再戰勝奉，趾高氣揚。曹錕厭徐世昌之玩弄權術，復覬覦北京總統職位。民國九年（西元一九二〇年）五月十四日指使吳佩孚通電各省，倡議恢復國會，因徐世昌爲非法國會所選出，於是不安於位，六月二日被迫離京。直系軍隊迎黎元洪作爲過渡。國父在直系迎黎之初，在廣州發表宣言，勸勉直系將領，裁遣所部，化兵爲工，以表示護法的誠意。及至後來黎元洪被驅出京，國父復致函國會議員，希望力持正義，勿爲民族罪人。（註二）因之國民黨籍議員相率南下，而留京議員，竟輕視人格，貪圖賄欵，甘爲直系所愚弄。民國十二年（一九二三年）十月五日假衆議員舉行所謂「大選」，曹錕以票價每張五千元，而得四百八十票，黨選總統。於十月十日在北京就職。

十月九日　國父以軍政府大元帥名義，下令討伐曹錕，通緝賄選議員；並電北京外交團，請各國否認曹錕之地位。　國父討伐曹錕，浙江督軍盧永祥及奉系張作霖響應正當奉軍大舉入關，佔領山海關與直軍大戰之際，馮玉祥聯合胡景翼、孫岳，於十月二十三日班師回京，發動政變，包圍總統府，致電 國父及全國各界，說明回師的理由，改組爲國民軍；脅迫曹錕下令停戰，免去吳佩孚本兼各職。曹錕失敗後，皖系段祺瑞又乘機多方活動，經張作霖、馮玉祥協議，由段出任臨時執政，組織臨時執政府。召集各區代表舉行善後會議，解決國內根本問題，並電 國父北上主持大計。

中山先生爲求全國之統一和應北方民衆的請求，乃決計北上解決國是。有人以爲北上局勢險惡，力勸 國父不能北上，但 國父說：「汝等以大元帥視我，則我此行誠險；若以革命黨領袖視我，則行實無危險可言。」十月三日自韶關回抵廣州，在大元帥府召集會議，討論應付北方時局的具體辦法。十一月三日 國父因北上在即，特黃埔軍官學校作臨別的訓話，看到學生表現非優異，因此北上又就安心了。十一月十日發表北上宣言，略謂：「國民革命軍之目的，在造成獨立自由的國家，以擁護國家及民族之利益。……對於時局的主張召開國民會議，以謀中國之統一與建設。」（註三）

民國十三年（西元一九二四年）十一月十三日 國父乘永豐艦離粤北上，於十七日抵達上海，由於北京上海間陸上交通受軍事影響不通，而上海至天津之輪船搭客又極擁擠，乃登日輪上海丸，於二十一日離滬，取道日本赴天津。十一月三十日，國父離神戶，十二月四日抵天津，歡迎者各團體及群衆甚多。 國父因長途拔涉，旅途勞頓，又素不慣寒冷，遂染感冒，肝臟亦覺不適，甚感痛苦。甚至當是時段祺瑞應各國駐北京公使要求，以尊重不平等條約為承認執政府之交換條件。（註四）　國父聞悉大為氣憤。段祺瑞之善後會議與　國父之主張有異，　國父經此感觸，憂念國家前途，病情驟然加重，西醫束手無策，改用中醫調治，亦無功效。臨終連續及反覆說「和平」、「奮鬥」、「救中國」為言，延至十二日上午九時三十分，與世長辭，享年六十歲，移柩中央公園，民衆及青年沿途護靈致哀者數逾十萬人，後又移靈西山碧雲寺，送殯者達三十萬人。

二、臺胞在各地追悼

國父在生前三次來臺，在愛國的臺籍同胞與革命志士的心裡，留下了深刻印象。　國父在北京重病垂危的時候，仍念念不忘臺灣同胞，關心臺灣志士的革命事業，更使臺灣志士們受到不可言喻的感召，在臺灣同胞志士的心目中，是多麼偉大，他不但是東亞的救星，也是世界的偉人。這位偉大的革命導師竟民國十四年三月十二日與世長辭，噩耗傳出，在革命基地的廣東，在北洋軍閥控制的北方，及在淪亡於日本統治下的臺灣，同時掀起了悲哀傷痛的浪潮。共同為這位偉人追悼。（註五）

在北京，一群就讀北京大學的臺籍愛國學生，首先為這位革命偉人的逝世而熱血衝騰起來了。他們參加過歡迎 國父蒞臺的行列，親炙過 國父的雍容的丰儀，而且多數參加了國父所手創的中國國民黨，現在他們又首先見到這顆巨星的殞落，其內心的悲憤是不可言喻的。然而，化悲憤為力量，他們也因 國父的逝世而益形堅定革命的意志與決心。他們以北大臺灣同學會名義致送了一付輓聯，詞意是如此的悲切激揚：

三百萬臺灣剛醒同胞，微先生何人領導？

四十年祖國未竟事業，舍我輩其誰分擔？

這是多麼懇摯的擁戴？這是多麼忠誠的豪語？這不僅是一句輓聯，而是臺灣青年志士們的皈依革命的誓詞。這也不是一紙空洞的誓詞，後面跟著的是「秉承國民黨的黨綱而行動」的行動。國父北上時主張召開國民會議，廢除不平等條約，可是北京政府的臨時執政段祺瑞卻完全違反 國父的主張，宣言尊重不平等條約，召開所謂「善後會議」。在出席「善後會議」的華僑代表名單中，竟然出現了來自臺灣臺中的雇傭代表林某。北大的臺灣學生認為林某的出席善後會議是臺灣人的恥辱，於是召開了北京臺灣學生全體會議，推洪炎秋為主席，決議勸阻林某出席，否則發表宣言，暴露其冒充代表的劣跡。林某乃一方面央人調停，一方面卻嗾人謀害洪炎秋、蘇薌雨等志士。洪、蘇兩氏都因此受了傷，但林某也終於未敢出席。洪、蘇兩位臺灣知識青年的擁護 國父的主張而受傷，是光明的也是光榮的！

在臺北，所有的革命志士與愛國同胞也都爲　國父的逝世而感傷垂淚。他們定於三月二十四日在臺北文化講座舉行追悼會，但儀式卻受到日本警憲的限制。下面的一段文字，就是臺北　國父追悼會舉行情形的原始記事：

孫先生訃音傳來臺灣，島人無不暗暗洒淚。臺北有志社因起而召集同志於三月二十四日在同市文化講座（臺灣文化協會）開追悼會。是夜大雨淋漓，街道泥濘不能行，到會者仍有五千人之多。但因會場太窄，最多只容得三千人，於是不得入會場在場外敬禮嘆嗟而去者實有兩千人之多。入會場者盡佩一黑布條，態度嚴肅悲戚，自七時（開會前半小時已滿員）起到十時止，無私行退場者，可見臺灣人對　先生之熱誠。惟有一事不可不記，是爲日政府之態度。本來日政府不准臺人追悼　孫先生，故開會前即施行種種壓迫手段。開會前一日，傳會中幹事至警察署去，命將已做好之弔歌作廢，不得在會場唱，又將做好弔辭削去一百多字，又命當日會場不准演說：茲將追悼會秩序錄下：一、弔跑三響；二、搖鈴開會；三、開會辭（施至善）；四、向　先生遺像行三鞠躬禮；五、詞朗讀（張我軍）（被禁不讀）；六、述　孫中山先生經歷（王敏川）；七、最近的　孫先生（張我軍）；八、孫先生生活逸語（隨意）（被禁不講）；九、再向　先生遺像行三鞠躬禮；十、唱　孫中山先生弔歌（被禁不唱）；十一、閉會詞；十二、弔砲三響。該日到會除臺灣人有志外，尚另有各團體如臺北無產青年會、臺灣文運革新會、臺北青年讀書會等，皆曾朗讀弔詞，此外，復電北京　孫先生治喪處曰：謹弔　孫先生的英靈，臺灣人有志。被禁止念誦的故　孫先弔詞錄下。

唉！大星一墜，東亞的天地忽然暗淡無光了！我們所敬愛的大偉人呀，你在三月十二日上午九時三十分這時刻已和我們永別了麼！四萬萬的國民此刻爲了你的死日哭喪了臉了！消息傳來，我島人五內俱崩，如失了魂魄一樣，西望中原，禁不住淚浪滔滔了！

先生！你在西紀一八六六年，帶著你超羣的大才，滿身的愛人類、愛國家的精神，革命思想和實行的毅力，深入我人類之伍以來，前後六十年了。你年纔弱冠，便委身於救國運動和革命事業，你在四十年的中間，始終用了你的萬撓不屈的毅力。你的表示始終一貫的精神來實行你千移不易的主義，那專制蠻橫的滿清朝廷的迫害，那無惡不爲的軍閥的壓迫，那野心勃勃的外國帝國主義的嫉視，終不能奈何　先生。你的精神，你的理想，雖未十分實現，但是你的毅力意氣已推倒滿清，建立了民國，嚇壞了無恥的軍閥和殘酷的外國帝國主義，喚醒了四萬萬沉睡著的人們了。

可是啊，三民主義還未實現，中國的革命還未成功，大亞細亞聯盟還未實現，前途正乏導師之時，殘忍刻薄的死神竟把你這位千古不獲的導師奪到死的國去了！唉！中國的同胞哟！你但要堅守這位已不在了的導師的遺訓——革命還未成功，同志尚須努力哪！　先生的肉體雖和我們長別了，然而　先生的精神，　先生的主義，是必永遠留著在人類的心目中活現；　先生的事業是必永遠留在世界上燦爛！

這篇充滿了對革命導師眞誠感戴，對國家民族殷望的弔詞，日本憲警雖有權禁止它在追悼大會上讀出，卻無法阻止它傳進祖國同胞的耳朵裏。凡是讀到這一弔詞的中國人，有誰不從心底裏因感動而起共鳴！日本憲警阻撓追悼會的行動是野蠻的，禁止這篇弔詞的讀出是無恥的！當時惟一的漢文報紙，也是三百五十萬臺灣同胞唯一喉舌的「臺灣民報」，即曾以「臺灣人不該哭　孫先生的死嗎？」爲題，對日本當局的幼稚行動提出憤怒的抗議：

在臺北的諸同志，追慕　孫先生的功德，於三月廿四日夜開追悼大會，悼大偉人的英靈。追悼偉人一事，何等尋常。而這回的追悼會開會前，又有一番的干涉，甚麼弔歌不可唱，弔辭要檢閱，咳！熱淚是悲傷之極由心內流出的，那禁得住淚洒滿襟呢？唉！一偉人的死，我們臺灣人不該放聲大哭？怎麼也不該吞聲滴數點的悲傷淚嗎？

國父逝世後的第二天即三月十三日，就讀上海大學的一位臺籍學生親到莫利愛路　孫先生住宅去弔慰。回寓後，立即撰寫了一篇題爲「哀悼中山先生」的通訊，以「澤生」署名，寄到「臺灣民報」上發表。這篇哀悼文字的結語是：「　中山先生雖死，中山主義決不死！中山先生雖亡，民衆運動決不失敗。」

此後數年中，每逢　國父逝世紀念日，臺灣各地的愛國同胞均舉行盛大的紀念會，由革命黨人及民衆運動的領袖們講述　國父偉大的思想、勳與行誼。紀念筆、紀念墨等　國父逝世的紀念品也出現在商店裏，但隨即爲日人所禁止。日本人有權沒收　孫中山的紀念物，有權懲罰參加孫中山紀念會的臺灣同胞，卻永遠無法阻止臺胞對　國父的景慕與崇拜，也永遠無法切斷臺胞與漢民族血肉相連的關係。民國十八年六月一日，　國父的靈柩奉安於南京，臺灣民衆黨不顧日本人的干涉，秘密派謝春木（南光）、王鍾麟爲代表回國參加，各地的中華會館也推派代表八人，以「臺灣全島華僑代表」名義參與奉安大典，並呈獻了一個木盤及一條布毯永作紀念。

臺灣志士開會追悼孫先生

三月廿四日下午七時，臺灣有志爲中華民國元勳孫中山先生之逝世，在港町文化講座開追悼大會，到會者有二千餘人之多，有文化講座之寬大，亦至無插足之餘地。人數雖有如此之多，其聲息卻甚沉靜，而且莊肅。其開會之秩序，是以弔炮三發爲齊集之號，繼以搖鈴開會，先由主會者施至善氏述此追悼之來由，謂：「孫公乃東亞之偉人，漢民族之明星，其主義與人格，無論何人莫不尊敬而崇拜之，今死矣，無論何人亦莫不哀悼之，所以我輩才有此會之舉」云。述畢，乃唱立正，大衆向孫先生之像，行禮三鞠躬。禮畢，在次序本朗讀悼詞與弔歌，因爲當局禁止，雖有詞歌，亦不能果讀，於是遂由王敏川氏述孫公之歷史。繼由張一郎氏演說孫公現在之主張，謂：「孫先生以不屈不撓之精神，建造中華民國，現在提唱亞洲聯盟主義，以固東亞黃人，爲不老其年，致所主唱之主義未見實現成功，竟齎恨而逝，誰不可痛。孫公之死，不但中國不幸已也，則東亞之人，亦有莫大之不幸也」云云。述既畢，又向孫公之像，行禮三鞠躬，而後散會。當在開會之時間中，屋外飄飄肅肅之風雨，如哭如訴無一時之或止，似乎助在會之人之痛而表其哀。嗚呼先生！先生之死，於吾儕何其不幸也，於吾儕何其悲哀也，而天公亦佈此景，爲先生一弔。

（錄自「臺灣民報」第三卷第十一號，民國十四年四月十一日）

臺灣同胞追悼孫中山先生紀事

孫先生訃音傳來，臺灣島人無不暗暗灑淚，臺北有志社因起而召集同志，於三月二十四日在同市文化講座（臺灣文化協會的）開追悼會。是夜大雨淋漓，街道泥濘不能行，到會者仍有五千人之多。但因會場太窄，最多只容得三千人，於是不得入會場在場外敬禮嘆嗟而去者，實有二千人之多。入會場者盡佩一黑布條，態度嚴肅悲感，自七時（開會前半小時已滿員）起到十時止，無私行退場者，可見臺灣人對於先生之熱誠。惟有一事不可不記，是爲日政府之態度。本來日政府不喜臺人追悼孫先生，故開會前即施行種種壓迫手段，開會前一日傳會中幹事至警察署去，命將已做好之弔歌作廢，不得在會場唱，又將做好弔辭削去一百多字，又命當日會場不准演說。

茲將追悼會秩序錄下：一弔炮三響；二搖鈴開會；三開會詞（施至善）；四向先生遺像行三鞠躬；五弔詞朗讀（張我軍）（被禁不讀）；六述孫中山先生經歷（王敏川）；七最近的孫先生（張我軍）；八孫中山先生逸話（隨意）（被禁不講）；九再向先生遺像行三鞠躬禮；十唱孫中山先生弔歌（被禁不唱）；十一閉會詞；十二弔砲三響。該日到會除臺灣人有志外，尚另有各團體，如：臺北無產青年會、臺灣文運革新會、臺北青年讀書會等，皆曾朗讀弔詞，此外復電北京孫先生治喪處曰：謹弔孫先生的英靈。臺灣人有志。（註：被禁止念誦的故孫中山先生弔詞，見下文）

（錄自「總理哀思錄」，追悼紀事，卷二「國外」）

孫中山先生弔詞

唉！
大星一墜，東亞的天地忽然暗淡無光了！
我們所敬愛的大偉人呀！
你在三月十二日上午九時三十分這時刻
　已和我們永別了麼！
四萬萬的國民此刻爲了你的死日哭喪了臉了。
消息傳來我島人五內俱崩，
　如失了魂魄一樣。
西望中原禁不住淚浪滔滔了。
先生！
你在西紀一八六六年，帶著你
　超羣的大才，
　滿身的愛國家愛人類的精神，

革命思想和實行的毅力，
深入我人類之伍以來，
前後六十年了。
你年纔弱冠，便委身於救國運動和革命事業，
你在四十年的中間，
始終用了你的萬撓不屈的毅力，
你的表示始終一貫的精神，
來實行你千移不易的主義。
那專制蠻橫的滿清朝廷的迫害，
那無惡不爲的軍閥的壓迫，
那野心勃勃的外國帝國主義的蔑視，
終不能奈何先生！
你的精神，你的理想，
雖未十分實現，
但是你的毅力意氣，

已推倒滿清，建立了民國，
　嚇壞了無恥的軍閥，
　和殘酷的外國帝國主義，
　喚醒了四萬萬沉睡著的人們了。
可是啊！
三民主義還未實現，
中國的革命還未成功，
大亞細亞聯盟還未實現，
前途正乏導師之時，
你殘忍刻薄的死神，
你竟把這位千古不獲的導師，
　奪到死的國去了！唉！
中國的同胞喲！
你們要堅守這位已不在了的導師的遺訓：
　革命還未成功，

同志尚須努力哪！

先生的肉體雖和我們長別了，然而

先生的精神，

先生的主義，

是必永遠留著在人類的心目中活現。

先生的事業

是必永遠留在世界上燦爛！（註六）

現在中國的民衆化失去了他們的領導者——失去了他們偉大的領袖——中山先生的死對中國的民衆運動自然是很大的打擊，這樣偉大的民衆的領袖在這十年中能夠復見與否還是很大的疑問，所以我們自然不能不承認他的死是中華民國的不幸，是世界的不幸，是我們的大不幸，可是這並不是意味中國的民衆運動隨孫先生的死而死，也不是意味孫先生的革命的三民主義從此無望，我們已前說過了——

中山先生雖死，中山主義決不會死！

中山先生雖亡，民衆運動決不失敗！

我希望中國的民衆更加奮起，繼續中山先生的遺志，達到中山先生的目的，能夠得一種

的強烈的刺激和教訓，來革新中國社會，以慰中山先生在天之靈！（註七）

（錄自「臺灣民報」第二卷十一號，民國十四年四月十一日）

【附　註】

註　一　謝東閔等著：國民革命運動與臺灣，中央文物供應社印行，民國六十九年五月五日出版，頁二〇二。

註　二　中國國民黨中央黨史史料編纂委員會編訂，國父全集第五，集函札，該會印行，民國六十六年版，頁五五四。

註　三　同前註，宣言，頁五〇——五四。

註　四　中華民國各界紀念國父百年誕辰籌備委員會學術論著編纂委員會編，國民革命史（全一冊）該會出版，民國六十九年十月再版，頁三七六。

註　五　同註一，頁二〇五。

註　六　中國國民黨中央委員會黨史會編，國父孫中山先生與臺灣，該會出版，民國七十八年十一月二十四日，頁二九四——二九七。

註　七　「臺灣民報」第三卷十一號，民國十四年四月十一日。

第五章　總統　蔣公與臺灣之關係

第一節　國父逝世，繼承革命

民國十一年（西元一九二二年）二月三日，　國父正式下令北伐，命李烈鈞軍出江西，許崇智軍出湖南，進展甚爲順利。不料陳炯明竟然停濟餉械，三月二十一日粵軍參謀長兼第一師師長鄧鏗，在廣州被陳炯明派人殺害，並放棄桂南，盡調所部返粵，集中於廣州附近，圖謀不軌。蔣中正先生因建議　國父令北伐軍改道贛南繼續北伐；並立即回廣州清除內患（註一）。四月二十二日，　國父偕蔣先生返抵廣州。陳炯明見　國父回廣州，不但不知悔改，反而變本加厲，公然叛變，指揮逆衆圍攻總統府，砲轟觀音山，　國父避登楚豫艦，後移駐永豐艦。

這時正在故鄉守墓的　蔣先生，驚聞　國父蒙難，急取道上海趕來廣州，化裝通過叛軍的防線，冒險登上永豐艦，隨侍　國父左右。　國父非常欣慰，並說：「蔣君一人來此，不啻增加兩萬援軍」。因授予全權指揮海軍對叛軍作戰。在　蔣先生指揮下，衝破一切危險，最後護衛　國父脫險到上海。在途中勉勵　蔣先生說：「余自知在世之日，最多不踰十年，而爾則至少尚有五六十年，望爾勉爲主義奮鬥，爲革命自重（註二）。」從這一段話，由於　蔣先生對　國父之忠貞，　國父對　蔣先生之信任，當然蔣先生以後就成爲　國父之繼承人。

一、黃埔建軍，統一兩廣

陳炯明背叛，　國父深感軍閥之可惡，不明大義，與革命背道而馳。　國父因爲國民革命之不能成功的最大原因，是只有革命黨的奮鬥，沒有革命軍的奮鬥。於是採納　蔣先生在中國國民黨第一次全國代表大會，會中期間所提的建軍建議：「爲求國家強盛，必先統一全國，要統一全國，必先消滅軍閥；要消滅軍閥，必先建立軍隊；要建立軍隊，必先建立軍校。」在大會中提出創辦軍校案，獲得出席代表一致的通過（註三）。

民國十三年一月二十四日，　國父任命　蔣先生爲陸軍軍官學校籌備委員會委員長，著手籌備。二十八日乃指定利用黃埔海軍學校舊址建校。以後黃埔軍校就成爲遠近知名的軍事學府。五月三日　國父特任　蔣先生爲校長，從此中國的命運就與黃埔軍校不可分了。除了創辦黃埔軍校奠定未來革命軍的基礎，又成立教導團，用以進行建立革命武力。民國十三年底及十四年初，先後編組成立兩個教導團，使革命武力至此已具規模。

平定商團之亂──民國十三年八月四日，廣州商團團長陳廉伯，受英帝國主義者及陳炯明的煽動，向香港德國洋行訂購大批軍火，圖謀不軌。 國父接獲密報，立派 蔣先生遣人前往截緝查扣起存黃埔軍校。陳嗾使廣州商店罷市要脅發還，並藉端尋釁，向政府軍射擊，同時英國助威，將以武力干涉，廣州形勢突然嚴重。當時政府中頗有人士主張退出廣州，予以應付。但，蔣先生斷然處置，認廣州革命基地，不可輕易動搖，主張以武力迅加解決。（註五）十月四日，蔣校長率黃埔軍校學生開始平亂，將商團包圍，經一日激戰，商團完全繳械，陳逃往香港。使當時廣州情勢化險爲夷；黃埔軍校學生發揮了革命精神，不怕苦、不怕難、肯犧牲、能負責、救國家、救百姓。

驅逐楊、劉完成二次東征──民國十三年冬 國父北上後，陳炯明以爲有機可乘，密與北方軍閥及英人勾結，自稱「救粵軍總司令」，號稱十萬之衆，企圖進攻廣州。十四年一月，革命政府乃決定分三路東征，校軍三千及許崇智所部粵軍任右翼，桂軍劉震寰、滇軍楊希閔分任中路及左翼，二月一日下動員令。時滇桂軍早與陳炯明秘密勾結，陰謀內應叛軍，按兵不動。僅有校軍進攻，爲數不滿三千，竟能勢如破竹，尤其最後棉湖一戰，造成決定性之勝利。

楊、劉不但與陳炯明來往密電頻繁，並且與北方段祺瑞及香港政府也有勾結，集中所部五六萬人於廣州附近，企圖叛變。革命政府以局勢險惡，特任命　蔣校長爲總指揮，檄令由東江回師平亂，兵分三路，並配合譚延闓、李福林部，採取一致行動，卒將叛軍擊潰，楊、劉潛逃，廣州基地予以恢復。

二次東征—時當第一次東征告捷後，黃埔校軍回師討伐滇桂軍的叛變時，回駐潮梅地區。詎料陳炯明勾引舊部復叛。並勾結熊克武、鄧本殷，企圖威逼革命基地廣州。國民政府乃任命　蔣校長爲東征總指揮，再次東征平亂。首先扣押熊克武，減去北面威脅，再分三路直叩東江門戶的惠州，惠州雖爲天險，仍然無法阻擋革命軍的攻勢，惠州終在東征軍前仆後繼下攻克。接著連續收復東江兩岸各要點，而後追至福建邊境，將逆軍全部肅清。

此時廣西軍人李宗仁等亦表示向政府輸誠，民國十五年二月二十四日，國民政府成立兩廣統一委員會，討論兩廣軍事、政治、財政統一辦法。三月十五日中央政治委員會通過兩廣統一案。其要點如下：㈠廣西省政府受國民政府命令處理全省政務；㈡廣東軍隊全部改編爲國民革命軍；㈢廣西財政受國民政府指揮監督，六月一日廣西省政府成立，自此兩廣在中央政府指揮下，完成統一。

二、出師北伐，全國統一

民國十五年六月四日中央執行委員會決議北伐，以貫徹 國父統一全國，完成國民革命遺志，六月五日國民政府任命 蔣校長為國民革命總司令，兼任軍事委員會主席，統率海陸空三軍實行北伐。民國十五年七月一日軍事委員會頒布動員令，七月二十四日中國國民黨中央執行委員會發布出師宣言。七月九日 蔣總司令在廣州東校場舉行北伐誓師及閱兵典禮，參加觀禮的民衆達五萬餘人，由國民政府主席譚延闓給印，中央黨部代表吳敬恆授旗，委員孫科奉 國父遺像，顯示革命重任之託付。（註五）

民國十五年六月五日，國民革命軍採取行動，此時因吳佩孚軍正在南口對付馮玉祥，湖南兵力減弱，經過十四天血戰，很快光復湖南，迫使敵軍退守汀泗橋。吳佩孚看到情勢嚴重，率主力軍南下趕到戰場，但也難抵革命軍的猛烈攻勢。吳佩孚雖槍決失守汀泗橋的旅，團長九人，親率大刀隊督戰，也無法阻住革命軍銳利的攻勢。後又經過四晝夜的激烈戰鬥，來往衝殺，白刃肉搏，革命軍終於攻佔賀勝橋，敵軍一敗塗地，潰走武昌，革命軍乘勝追擊，先後光復漢口、漢陽及武昌，俘敵三萬，擒守將陳嘉謨、劉玉春。吳佩孚率部分殘餘逃往河南。（註六）

當大軍討伐吳佩孚時，孫傳芳最初持觀望態度，等到吳部汀泗橋失利，才開始傾全部兵力計五師八旅之衆，準備由江西大舉西犯。　蔣總司令爲先發制人，不待武昌克復，立即將北伐大軍轉向東進；九月六日開始總攻，傾向革命軍的贛軍賴世璜部，在贛南起義反正，編爲革命軍第十四軍，收復贛州等地。十月二十五日攻克南昌，雖一度敵人反攻，南昌又落敵人手中。革命軍十一月七日再克復南昌，孫傳芳由九江乘軍艦逃往南京。何應欽、賴世璜配合，先後光復福建、浙江。民國十六年三月十四日長江海軍司令楊樹莊來歸，受任爲國民革命軍海軍總司令，率艦協助革命軍光復了上海、南京。三月二十四日，東南半壁全部底定。（註七）

正當革命軍出師北伐順利進展之際，共黨分子在國際共黨指使之下，製造南京事件，促使革命軍北伐大業一度中挫，甚至國民黨內部分裂，　蔣總司令下野。受共黨操縱的武漢政權與南京中央政府對抗。孫傳芳、褚玉璞乘機率殘部五萬餘人，偷渡長江，威脅南京。嗣後幸有何應欽、李宗仁、白崇禧三人臨危合作，在龍潭打敗孫、褸殘敵，使南京轉危爲安。武漢政權汪兆銘覺悟，雙方合作，敦請　蔣總司令復職，　蔣總司令在各界請求下繼續領導北伐，馮玉祥、李宗仁、閻錫山等共同合作，北伐進展相當順利，張作霖看大勢已去，於民國十七年六月二日潛離北京回東北，四日晨五時車過潘陽附近皇姑屯，爲日人預設之炸藥轟斃，奉軍乃全部退回東北。張學良憤其父之慘死，復激於國仇，不顧日人阻撓，毅然投向中央，北伐軍事告一段落，全國統一。蔣總司令一度請辭，中央政治會議一致通過慰留，並經中央執行會議決議，推　蔣總司令代表北上祭告　國父之靈（註八），完成他的革命遺志。

【附　註】

註　一　胡漢民：元月十六日之回顧，中國現代史叢刊第二冊，正中書局，民國四十九年六月版，頁四一一—四一二。

註　二　鄒魯，「回憶錄」獨立出版社出版，民國三十五年七月，上冊頁一一三。

註　三　「民國十五年以前之　蔣介石先生」上輯，頁二五〇。

註　四　「革命文獻」第十輯，總頁一四八三。

註　五　同註三，下輯頁七六一—七六三。

註　六　國民革命戰史初稿，第一輯，卷二，頁一一九—一八三。

註　七　北伐戰史，第二冊，頁六三一—六四五。

註　八　蔣總統言論彙編，卷二十四，頁一三二—一三八。

第二節　領導抗戰，光復臺灣

重回祖國的懷抱，是全體臺灣同胞一致的願望，因此他們關切祖國局勢的心情，自可想見。民國十七年當總統　蔣公率領的國民革命軍完成北伐，統一全國時，給臺灣同胞帶來無限的希望，總統　蔣公更成爲臺胞心目中的民族救星。　國父一手倡導的國民革命事業的唯一繼承人，　國父領導革命所強調的是恢復臺灣，當然臺胞重回祖國懷抱，寄望總統　蔣公的革命事業上。

當時「臺灣民報」的主編，曾以最多的篇幅，報導總統　蔣公的言論與主張，以表達臺胞對這位革命領袖的景仰與愛戴之忱。總統　蔣公也無時無刻不關懷著臺灣同胞。民國十八年，總統　蔣公在國民政府主席任內，曾應在臺僑民之請，設置領事，發展黨務，加強臺灣和祖國的聯繫，當祖國派駐臺灣的第一任總領事林紹南抵臺時，受到臺灣同胞的熱烈歡迎，驛站人山人海，青天白日國旗到處飄揚。（註一）從這一點來看，就可知道臺灣同胞的心情，多麼熱愛祖國，多麼希望重回祖國懷抱。

一、日本侵華被迫抗戰

侵略中國為日本之既定國策。民國四年（西元一九一五年）提出二十一條之要求為其對華野心的暴露。民國十六年（西元一九二七年）六月，日本在華領事官員由森恪主持下，在大連舉行所謂「東方會議」，會商侵華政策。田中奏摺為日本侵華之具體行動。民國十七年五月，出兵濟南，阻擾北伐為其侵華的開端。民國二十年，九一八事變為日本分割中國之初步，此後製造偽「滿洲國」，侵犯淞滬，進攻內蒙，操縱冀東偽組織，企圖製造華「自治」，擾亂中國地方秩序，破壞中國財政，以求達到吞併中國之願望。

民國二十六年七月，日本藉故製造盧溝事件，公然向我宛平守軍開砲轟擊。揭開了中日全面戰爭的序幕。此次戰爭，日本不斷的對我們侵略，我們是被迫而抗戰。 蔣委員長曾說：「我們希望和平，而不求苟安，準備應戰，而不是求戰。我們知道全國應戰以後的局勢，那祇有犧牲到底，無絲毫僥倖求免之理。如果戰端一開，那就是地無分南北，人無分老幼，無論何人皆有守土抗戰之責任，皆應抱定犧牲一切之決心。所以政府必特別謹慎，以臨此大亂，全國國民亦必須嚴肅沉著，準備自衛。」（註二）其保持和平與維護領土主權之苦心與決心溢於言衷，而此種決策即為今後我國對日抗戰之準則。

國民政府自衛抗戰之聲明──中國之領土主權，已橫受日本之侵略，國際聯盟，九國公約，非戰公約已爲日本所破壞無餘。此等條約，其最大目的，在維持正義與和平。中國責任所在，自應盡其能力，以維護其領土主權，及維護上述各種條約之尊嚴。中國決不放棄領土之任何部分，遇有侵略，惟有實行方賦自衛權以應之。日本苟非對於中國懷有野心，實行領土之侵略，則當對於兩國國交應謀合理之解決，同時制止其在華一切武力侵略，如是則中國仍當本其和平素志，以挽救東亞與世界之危局。（註三）

圖八　蔣委員長申述抗戰到底的決心

中日全面戰爭暴發，激起全國人民之氣憤，自九一八事變，我們對日寇愈忍耐，他們就愈兇橫壓迫，得寸進尺，了無止境，到今天，日寇又在盧溝橋又發動戰爭，使我們忍無可忍，退無可退，我們全國人民要團結一致，共同與倭寇拚個你死我活，絕不妥協。今日我們對日抗戰，要有犧牲到底的決心，不達目的，絕不終止。不但將日寇驅逐出境，而且要收復所有失地，甚至廢除與日本簽訂一切不合理，不平等的條約。

民國二十七年四月一日總統　蔣公在武昌臨時全國代表大會上除報告日本對我侵略一貫政策及我抗戰之決心與把握外，並再三強調「臺灣是我們中國存亡所關的生命線」，中國要講求眞正的國防，維護東亞的永久和平，必須「以解救臺灣人民爲職志，必須使臺灣同胞恢復自由，纔能鞏固中華民國的國防，奠定東亞和平的基礎。」（註四）由此一訓示，我們可以明白看出，雖然當時戰爭初起，但中國國民黨所領導的國民政府它所負的責任，不但是對抗戰，並且以光復臺灣也爲重要抗戰之目的。

民國三十二年三月總統　蔣公發表「中國之命運」一書，在「中華民族的成長與發達」一章中說：「以國防的需要而論，上述的完整山河系統，如有一個區域受異族的佔據，則全民族全國家即失其自衛上天然的屏障。江淮河漢之間，無一處不是可以作鞏固的邊防。所以琉球、臺灣、澎湖、東北四省、內外蒙古、新疆、西藏，無一處不是保衛民族生存的要塞。這些地方的割裂，即爲中國國防的撤除。」（註五）從以上之說明，可知中國在國防上有完整的體系，任何一個島嶼或一塊領土，都不能喪失，日本侵佔臺灣，又侵佔東北，現在竟又向我大陸進軍，凡我黃帝子孫，都不能再忍，因此我們要抗戰，要收復失土，這是我們的責任，也是我們的天職。

二、抗戰勝利，臺灣光復

九一八事變後，國際間對我橫遭日本侵略，雖表示道義之支持，然對日本終不能採取有效之制裁，遂爲極權國家所效尤。意大利併吞阿比西尼亞，德國進軍萊茵河，合併奧地利，取得捷克蘇台德區，大張侵略之氣燄。我國初期抗戰，全恃自身獨軍奮鬥。日本國力並不雄厚，經不起我長期抗戰的損耗，爲了充實戰備，竟在南洋瘋狂攻擊，獵取戰略物質，甚至不計代價，偷襲珍珠港。引起太平洋戰爭，英美等國採取一致行動，共同對侵略作戰。中國此時對日宣戰，並聲明對德意立於戰爭狀態。美、加、澳等國亦對日、德、意宣戰，原爲我國單獨對日抗戰，現與國際反侵略戰爭乃匯爲一流。

國軍不但在國內抗日，並派遣國軍遠征印緬，協助英軍作戰，由於國軍表現優異，因此我國在國際地位驟形提高。日本侵略者經不起長期戰爭，國勢日益衰危。民國三十二年（西元一九四三年）三月，蔣夫人訪美期間，美國總統羅期福表示爲討論戰後遠東問題，希望與蔣委員長會晤。同年七月　蔣委員長覆電同意，羅斯福初定會議地點在阿拉斯加，後應我

圖九　開羅會議

要求改爲埃及開羅。十一月二十三日至二十六日與羅斯福、邱吉爾舉行會議四日—即所謂「開羅會議」。討論範圍包括很廣，由於蘇俄未能與會，因此有些問題並未解決。十一月二十七日　蔣委員長及隨員返國，十二月三日在重慶、華盛頓、倫敦同時公布由三國領袖簽署之「開羅宣言」其要點如下：

「三國聲明，將盡一切力量以打擊其殘暴敵人，必達到日本無條件而後已。剝奪一九一四年（民國三年）以前日本所佔得之太平洋島嶼。所有日本竊奪中國之土地，如滿州、臺灣、澎湖均應歸還中國。並應使朝鮮在相當期間內享有自由獨立。」

民國三十四年春，中國戰區我軍反攻節節勝利，太平洋美軍已登陸琉璜島、琉球，大批美機連日猛炸東京、神戶、名古屋等地，日本已呈土崩瓦解之勢。同年八月六日及八日，美國先後投落廣島及

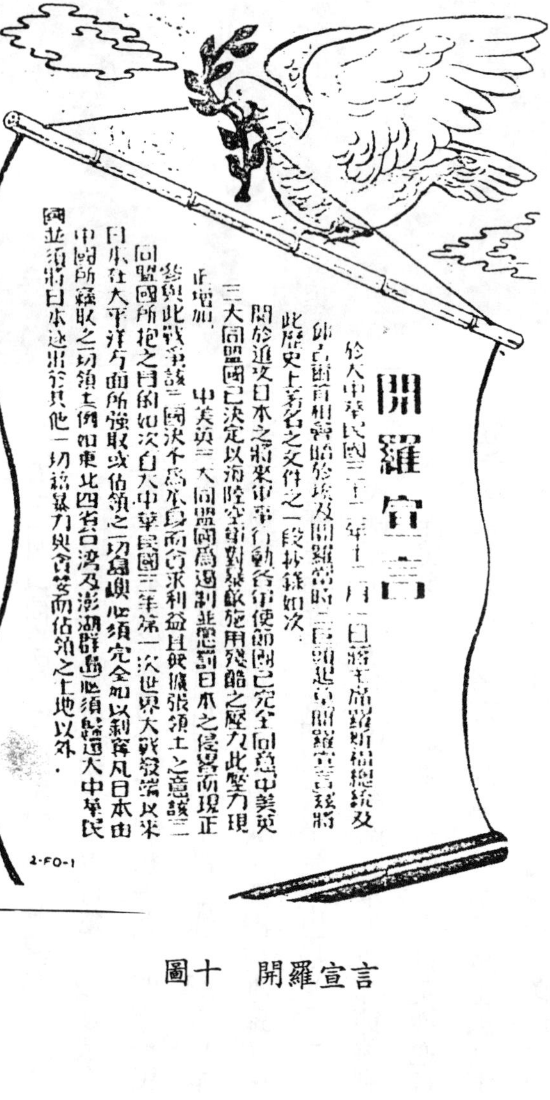

圖十　開羅宣言

長崎兩枚原子彈，日本舉國震悚，表示願意接受波茨坦無條件投降，至八月十四日，日本天皇遂頒布無條件投降之勅書，我艱苦八年抗戰卒獲得最後勝利，臺灣、澎湖重回祖國懷抱。

民國三十四年八月十五日，日本正式無條件後，國民政府隨即設立「臺灣省行政長官公署」及「臺灣省警備總司令部」，並任命陳儀爲臺灣省行政長官兼臺灣省警備總司令，積極從事接收臺灣的部署。鑒於實際需要，此二機構旋於九月二十八日在重慶聯合成立前進指揮所，作為接收臺灣的前站。前站人員一行七十一人於十月五日飛抵臺北，即展開發表「告臺灣同胞書」，領導臺胞首次慶祝國慶，準備國軍登陸事宜等項工作。

迨中國戰區臺灣省受降典禮於民國三十四年十月二十五日在臺北公會堂（後改為中山堂）舉行，日本駐臺總督兼十方面軍司令長官安藤利吉簽字受降第一號命令。同時臺灣省行政長官公署亦發表第一號接收訓令：「臺灣省已於中華民國三十四年十月二十五日歸入中國版圖……」。後，即由臺灣省行政長官公署與警備總司令部組織「臺灣省接收委員會」，分設民政、財政金融會計、教育、農林漁牧糧食、工礦、交通、警務、宣傳、軍事、司法法制、總務等十一組，其中除軍事歸警備總司令部接收外，餘概由行政長官公署各主管單位兼任各組主任，實際接收工作亦於十一月一日正式展開。由於民政與軍事兩方面的接收工作特別重要，因此又在民政方面成立了「接管委員會」，進行省屬機關及地方機關之接管；在軍事方面成立「軍事接收委員會」，依兵種分為七個接收組進行接收。至三十五年一月，臺灣地區日僑開始遣返，因日僑私人財產之數量繁多，內容又極複雜，乃於臺灣省接收委員會之下另設置、「日產處理委員會」，內分秘書、會計兩室，調查、審核、處理三組。此外，由於臺灣地區日僑人數特多，而產業分佈區域廣大，為嚴密控制起見，乃復於十七縣市分別成立分會。綜觀整個接收過程，雖因臺灣情形特殊，加上語言隔閡，而難免發生一些誤會，但大致都能秉持「人地相宜」的原則，順利達成接收任務。（註五）

【附　註】

註　一　謝東閔等著：國民革命運動與臺灣，中央文物供應社印行，民國六十九年五月五日出版，頁五。

註　二　中華民國各界紀念國父百年誕辰籌備委員會學術論著編纂委員會，國民革命史（全一冊）該會出版，民國六十九年十月再版，頁五七二。

註　三　同前註，頁五七三。

註　四　蔣中正著，中國之命運，正中書局，民國六十四年臺十三版，頁六—七。

註　五　中國國民黨黨史會編，光復臺灣之籌劃與受降接收。該會出版，近代中國發行，民國七十九年版，頁三—四。

第三節　肇回臺灣基地，挽救國運

美國總統羅斯福、英國首相邱吉爾，爲謀求世界戰爭早日結束，竟於蘇俄總理史大林於民國三十四年（西元一九四五年）簽訂雅爾達密約。不惜以中國東北利權爲犧牲，換取蘇俄參戰。民國三十四年八月八日，蘇俄對日宣戰，八月十四日，日本投降，在日軍毫無抵抗下，蘇軍很快佔領東北。百般刁難阻撓國軍接收，並將擄獲的輕裝武器，轉讓中共。使中共坐大，再加美國調處失當，野心軍人及失意政客助長中共佔領大陸，迫使中央政府遷臺。

一、內外形勢不利中國

抗戰勝利，國軍勢力仍很強大。事實上，只憑毛澤東、周恩來、林彪等共黨頭目，是無法與國軍對抗，絕對無法形成氣候，更不可能得勢，佔據大陸。如果當時美國與我們合作，就是史大林全力協助，中共也不可能成功。可惜關鍵在於潛伏美國政府的蘇俄間諜及其共黨同路人。如史迪威偏向共黨，引用戴維斯(John P. Davis)、謝維治(John S. Service)、拉鐵姆(Keymond Ludun)、伊摩森(John S. Morsor)等爲顧問，受其挑撥離間，公開反對政府及蔣委員長。抗戰勝利後，美國指派馬歇爾（George Moshall杜魯門特使）來華調處，馬歇爾大權在握，上下其手，如希斯（Alger Hiss國務院政治顧問）、費正清（John Pairbank美駐華新聞處長），引導美國對華政策，趨向共黨，以增進蘇俄利益。先是僞造報告攻擊　蔣委員長，詆譭國民政府貪污無能。隨之干涉中國內政，於是馬歇爾大搞雙重標準的軍事調處，以打擊國軍士氣，並掩護中共攻城掠地的叛亂行動，繼之對我斷絕軍火供應，並通知英、法、荷、比等國採取一致行，以解除國軍武裝，民國三十七年（西元一九四八年）東北戰局逆轉，我陸軍缺乏軍火，空軍缺乏汽油，致無法挽回頹勢。另一毒辣手段，民國三十七年八月十九日，政府頒布「財政經濟緊急處分法」，發行「金圓券」，急需美國幫助，竟停止對我五億美元貸款，使我國經濟陷入絕境，政府處境日益難困。（註一）

反之，中共卻在蘇俄各項軍事支助下，配合著談談打打，打打談談的和平詭計，日益坐大。乃於三十七年十一月在徐蚌地區發動五十萬人大攻勢。因國軍彼此缺乏聯絡，未能盡力發揮作戰功效。再加上我軍補給缺乏，致使徐蚌會失利。戡亂軍事雖暫時失利，但全國上下如能團結一致，服從總統　蔣公領導，憑長江天險，整軍經武，國事並非不可爲。然因失敗主義妥協，影響戰志，乃致大局無法收拾。李宗仁、白崇禧要求政府停止對共軍作戰，程潛竟要求　領由下野。繼之李濟琛、黃紹浤、甘介侯等推波助瀾，共同致力於　蔣總統引退。

河南省主席張珍隨聲附和，一時主和狂流極爲猖獗。再加上中共製造流言，非蔣某人下野，不能談和，非蔣某人下野，美援不來。其實，共軍製造和談假像是一種手段，整備渡江才是目的。一些投機份子不明瞭共軍眞相，置於國家命運而不顧，竟要求領袖下野。

蔣總統憂念國家前途，痛心於黨內分裂與派系之爭，本不願放棄職責，復感整個局勢積重難返，不計較個人得失，毅然決然引退。領袖下野，全國失去領導中心，國軍失去戰志，民衆人心惶惶。中共和談要求嚴苛，李宗仁也無法接受，於是和談破裂，共軍大舉渡江，不到一年，大陸完全變色，中央政府遷臺。

二、領袖復職，挽救國運

民國三十九年（西元一九五〇年）春，大陸已次第失守，中共在東南沿海集結重兵，窺臺日急，中國在國際間之地位日漸動搖，臺灣內部共謀製造謠言，人心惶惶不安，李宗仁棄職出走，置於國家前途而不顧，中樞一日不能無主。於是民意代表，全國各社團、各黨派、海外僑胞、三軍將士、公教人員，紛紛呼籲總統　蔣公復職，挽救危亡。民國三十八年十二月六日，第一屆國大代表水祥雲等三百餘人，舉行座談會，一致通過電請領袖復職，領導中樞。同日在臺立法委員黃國書等二百二十五位集會，作同樣的決定，惟被領由所婉辭。（註

二)

民國三十九年二月二十四日，國民黨非常委員會電請李宗仁於三日內返臺，李氏回電支吾其詞，非常委員會乃於二十三日決議，請求總裁早日復行視事。二十四日，立法委員三八三人復聯合簽名請求領袖復職，全國監察委員、國民大會代表及各政黨各民意機構，均作同樣的請求。總統　蔣公以全國軍民之殷切期望，並鑒於國家民族存亡絕續之所繫，爲顧及全國民情，乃宣示，自三月一日起復行中華民國總統職權。（註三）

過去一年，我們的確是失敗得太快！也失敗得太慘！現在政府播遷來臺，投共已經投共了，逃走的人已經逃走，剩下這殘破的局面，遺下這無告的百姓，留下歷史的責任，我們除了請求領袖出來，還有什麼辦法呢？他老人家顧及國家安危，俯順民情，毅然接受了全國老百姓的請求，出來承擔一切的責任，絲毫不考慮個人的得失利害，其志雖堅，其心良苦，我們祇有感激，還說什麼呢？（註四）

總統　蔣公復職，首從黨的改造做起，辦理黨員重新登記，加強組織領導、宣導主義及國家反共政策，堅定革命思想。另整軍經武及破獲共諜，整軍經武就是加強國防，抵禦共軍犯臺，破獲共諜就是先求社會安定，再求社會發展。很快的，社會安定下來，國防也加強了，中共先後發動古寧頭大戰及八二三砲戰，均未得逞。國家在總統　蔣公領導下，轉危爲安，已挽救國家之命運，爲國家再造生機。給所有中國人帶來新的希望。

【附　註】

註　一　謝東閔等書，國民革命運動與臺灣，中央文物供應社印行，民國六十九年五月五日出版，頁二二〇。

註　二　中華民國各界紀念國父百年誕辰籌備委員會學術論著編纂委員會編，國民革命史（全一冊），該會出版，民國六十九年十月再版，頁七一五。

註　三　同前註，頁七一五。

註　四　同前註，頁七一六—七一七。

第六章　國民革命對臺灣抗日運動的影響

西元一九一一年反清的義軍在武漢興起了革命大旗，發生了驚天動地的武昌首義，由於清吏不斷搜捕黨人，在人人自危的情況下，於是黨人熊秉坤等人決定先發制人，新軍各標立即響應。湖廣總督瑞澂及新軍統制張彪看情形不對，倉皇逃跑，武漢三鎮很快光復。　國父孫中山先生自海外歸來，被選爲開國的首任臨時大總統，於民國元年（西元一九一二年）元月一日在南京就職。辛亥革命不但震動亞洲及世界，同時也震盪著臺灣海峽，臺灣抗日運動受辛亥革命之影響，自西元一九一二至一九一五年的三年間先後發生了九次抗日革命運動。這些志士們，有的是國民黨的黨員從大陸回到臺灣來，有的是臺灣志士自動起來響應祖國革命的潮流。毫無疑問的，他們英勇壯烈的抗日行動乃是辛亥革命的延續，臺灣的反日運動已與祖國的國民革命結合起來了。總之，臺灣與大陸同胞的命運是一致的、骨肉相連、手足是不可分的，辛亥的革命成功，當然直接影響著臺灣的抗日運動。下面深受辛亥革命成功影響的抗日事件及光榮的革命事蹟分別於各節敘述：

第一節　林杞埔事件

辛亥革命，民國建立，在　國父孫中山先生領導之下，推翻了二百多年滿清政府之統治。此時，臺灣同胞仍在日本異族統治著，過著牛馬不如的奴隸生活。辛亥革命成功對於臺灣地區抗日運動，當然有其激盪的影響。是年受此影響的抗日事件，主要有劉乾領導之林杞埔事件及黃朝領導之土庫事件，先就劉乾領導抗日事件之背景、經過及結局分別敘述於後：

一、抗日背景

劉乾是南投廳沙連堡羌仔寮莊（在日月潭南方）人，家裡很窮，以算命爲業。他是個虔誠的佛教徒，從小就吃素，爲人心地善良，很受鄉里的敬重。臺灣割讓日本後，他曾在林杞埔的日本憲兵隊當過工友，對於日本人的欺壓臺灣同胞非常憤恨。民前一年（西元一九一一年）夏季，他在家裡無緣無故被日本警察侮辱了一頓，日警罵他爲人算命賣卜是謠言惑衆，而把算命的書籍用具全部沒收，並且強迫他改業。（註一）

此事對劉乾而言，實爲生死有關的大事，此後，劉乾試著在各處走動，但由於巡查已將他揪出，各管區的巡查，對他都嚴密的加以監視，使劉乾自此無法再靠賣卜維生，於是暗中在鞍山中水掘（在大鞍莊附近），與當地人商議，闢地搭一間草寮，供奉觀音菩薩，日夜參拜，甚得當地信徒的擁護。自此，劉乾不斷藉機向鄉民信徒們散佈反抗總督府的言論，有時則下山在信徒家中舉行秘密拜神禮佛的儀式，同時，對參加儀式的附近居民傳播反日的言論。（註二）

劉乾到了大鞍山中水掘，林杞埔支廳方面管區的巡查對於如此一個占卜師突然失蹤的事，竟然沒有注意，也沒有加以調查，其後不久，有一個農民林啟禎曾因反抗三菱獨佔竹林生產，隨意採筏竹林，被巡查發現橫加以毆打，林啟順慘遭毆打後，憤恨難以自抑，於是就前來投靠劉乾。

林啟禎是南投廳大坑庄人，通稱爲林慶興，以農爲業，依具所有竹林，兼營製造紙業爲生。有關地方之竹林，自清以來，並無所謂地主，庄民只繳少許稅金，皆得自由採伐，賣以補助日常生活費用。（註三）日本據臺後，臺灣總督府遂於一九一〇年至一九一四年，以五年的時間，進行林野調查，區分官有地與民有地，以確定林野地的私有權。凡無憑證可「確認所有權」的林野，都是爲官有地。如此調查的結果，大多爲官有地，臺灣林野地悉爲日本統治當局強佔，民有則僅佔百分之三。（註四）

日本統治者爲進一步強奪林野起見，又從一九一二年起推行所謂「官有林整理事業」，廢除原允許居民使用。所謂「官有林整理事業」，係將林野分爲官有與民有，以確立林野的所有權，再將官有林中的「保管林」作進一步的處理。透過這種運用方式與手段，將臺灣廣大林野的大部分均被日方奪取。日方所以確立林野地之所有權，形式上雖然是從法律方面確定臺灣人的所有權，使土地制度合法化，實際上，日本當局卻欲藉法律保護日本人殖民臺灣之利益。日本當局透過前述之方式和手段，所獲取之林野，大多免費或以低廉價格下放日本之地主或資本家，使日本資本家得以在臺灣推展所謂資本主義化。（註五）例如放領日本大財閥——三菱珠式會社，僅留一小部分，放領於庄中之所謂紳士保管，設置竹林組合禁止庄民自由採筏。

竹林問題，影響有關庄民之生活問題甚巨，故一聞放領消息，莫不驚慌失措，一同向林野調查會，提出抗議，並向總督府陳情，要求收回成命，改放領予有關庄民，然而林野調查會置之不理，而總督既定要依照所發命令執行，且命令日警嚴加監視，大放厥詞謂：「日本是法治國，令出必行，庄民未取得業主權，將何所據而爭議？」庄民之憤慨，已至沸騰點，忍無可忍，勢在非暴發抗日之行爲不可。（註六）

但是林啟順是個硬漢，日本人愈是不叫他砍竹子，他愈是去砍。有一天他在砍竹子的時候，被日本三菱株式會社的駐衛警看見了，就把林啟禎痛打了一頓，這一打可不得了，庄民都出來為林啟禎打抱不平，接著林啟禎就把這件事告訴了劉乾。劉乾一看反日抗暴的時機已經成熟，於是就召集他的信徒說：「日本人強佔我土地，奴役我人民，我們要把日本人都趕出去。我前天在國姓爺廟前，夢見三聖對我指示，命令我為明朝崇禎帝義子，驅逐日本人拯救同胞。現在你們要聽我的命令，共舉大事，事成之後，陞官發財隨你們選，如果有不聽我命令的，立刻處死！」（註七）以恩威並施之策，管制庄民。

日本統治當局對於臺灣廣大林野之處理，係基於提供日本資本家侵佔臺灣的機會，以使臺灣變成日本帝國主義搾取的對象，不顧臺灣駐民的生活，在此種背景下，自然會引起臺灣人民對日人的不滿與憤恨，引起臺灣人民抗日活動，這完全是由於日人歧視和壓制人民的結果，不顧及他們之尊嚴和利益而造成的。

二、抗日的經過

民國元年（西元一九一二年），劉乾和林啟禎二人設社壇於信徒林逢之家，祭告天地，決定二十三日起事，以劉乾為總指揮。這時候從附近各村落聚集來的義民，有好幾十人，二十三日拂曉，一行由劉乾率領，向距林杞埔約十里的頂林派出所進攻，頂林為偏僻山村，東北兩面負山，面臨高數十丈之斷崖，唯南一路可通林杞埔。派出所駐有：飯田助一、川島與川，兩日人，巡查補，共三名而已。早晨尚未起床之際，劉賜、蕭和二人奉劉乾之命，率林助、林木、蕭溪、楊振添等，各持刀衝入派出所宿舍，於睡夢中斬殺之。完成使命之劉、蕭等一行，同至林逢之家，向劉乾報告經過，劉乾告以已另派一隊攻往林杞埔，你等可火速乘勝赴援。一行奉命，直奔林杞埔，途中忽遇林玉明者，問知底細，警告曰：「你等不知死活，若到林杞埔，必無一人可得生還。」頭腦單純之農民，一聞是言，皆大驚失色，各自潰亂走入山中。劉乾在林逢之家，接到形勢不利消息，知事已失敗，亦即退入山中。（註八）

林杞埔支廳獲悉事件的發生，乃是根據頂林三菱竹林事務所的通報，接獲報告後，佐竹支廳長即刻召集警察隊與保甲壯丁團員，開始向山地進行大搜捕，一星期之後，擊斃一名，其後又陸續將劉乾、林啟禎等人全數逮到。（註九）

搜捕告一段落後，即於四月七日，在南投開設臨時法院，任命覆審法院部長高田富藏為裁判長；臺中地方法院村止武八郎，及覆審法院判官富島元治，為陪席判官；臺中地方法院檢察官長士屋達太郎，及覆審法院檢察官號川彌三郎，二人為檢察官。公判庭只於四月十、十一，開過兩日，對於劉乾以下被告十三名，草率宣判：死刑八名，無期懲役一名，有期懲役三名，無罪一名。受判死刑者八名，於即日下午一時，被執決於南投支監內；被判徒刑者，受押送臺中監獄；無罪者一名，即時當堂開釋。被執決死刑者，皆視死如歸，別無驚恐之狀；如劉乾者更索飲食，從容就義。（註一〇）

三、林杞埔事件在臺抗日之影響

劉乾領導抗日之動機，主要係基於個人對日本當局統治之不滿。劉乾本人先是遭到日警侮辱，迫其改業，繼對日警之欺壓鄉民，懷抱感同身受不平之心，故於宣傳佛法的同時，引發出憤慨反日言論。迨竹林問題之發生，林啟禎對日本當局不平等之待遇，影響臺胞之生計，同時爲了生活，爲了自尊，在不願受到日本之壓迫，二人對日非常憤恨，因此，而激起仇日心理，最後導致抗日行動。劉乾對林啟禎云：「日本強佔我土地，奴役我人民，種種壓迫，無所不用其極。我等要排此威脅，除殺日本，驅逐其出境外，別無良策。」（註一一）於是召集庄民，展開抗日活動。此事件之發生，完全由於日本當局對竹林處理失當及平時壓迫臺胞過甚而暴發出來的抗日行動。

劉乾領導之林杞埔抗日事件，就人員來講，事先僅得到林啟禎之附和及鄰近村落之劉賜、蕭和、林助等十數人協力，更談不上訓練及紀律之講求，倉卒起事，當然成功勝算不大。再者起事之地點擇頂林偏僻之山村，東北西面負山，面臨高數十丈之斷崖，唯南一路可通林杞埔，就抗日軍立場而言，選擇偏僻之山地，固然進可以攻，退可以守，但僻處一隅，很難獲得支援，較易斷缺補給，劉乾領導之林杞埔抗日事件其失敗原因，不能不說與此無關。

就此次起義事件，與往不同的，實眞具特殊之意義，蓋自西曆一八九五年，日本以武力據臺後，雖然先後曾發生多次抗日事件，但均在清廷未傾覆之時。唯在本事件發生之當時，在臺灣人的祖國，中國大陸上正發生著重大的變革，因而使劉乾與林啟禎的事蹟在臺灣史上也成了是相輝映的一項革命舉動。（註一二）

由此看來，林杞埔事件雖然事敗，不管是否曾受　國父孫中山先生辛亥革命成功之影響與否史家說法不一。但在臺灣抗日史上，也自有其相當的影響地位。其後在臺灣總督府方面也承認：「林杞埔事件可視爲其後相繼而起的苗栗事件，六甲事件等之前兆。」（註一三）

當然，由於中國革命成功的餘波影響，在臺灣的同胞因爲不願受到日本之壓迫，乃有接踵而至的各種抗日事件之發生。

【附　註】

註　一　馮作氏：臺灣史百講，青文出版社出版，國防部總政治作戰部印行，民國六十五年五月出版，頁一五五。

註二　喜安幸夫，日本統治臺灣秘史，武陵出版社印行，民國七十三年一月，頁五四。

註三　井出季和太：日據下之臺政（共三冊），臺灣省文獻委員會發行，民國六十六年四月十日出版，第二冊，頁四五〇。

註四　李永熾：「日本統治下臺灣的土地問題」，載：「歷史的跫音」一書，遠景出版事業公司，臺北，民國七十三年十二月出版，頁九六。

註五　柯惠珠：日據初期臺灣地區武裝抗日運動之研究，高雄，前程出版社出版，民國七十六年四月初版，頁二三六—二三七。

註六　李汝和等編：卷九革命志抗日篇（全一冊）臺中，臺灣省文獻委員會出版，民國六十年六月三十日，頁三八。

註七　同註一，頁三八。

註八　同註六。

註九　同註二，頁五八。

註一〇　同註六，頁三九。

註一一　同前註，頁三八。

註一二　同註二，頁六一。

註一三　同前註，頁六二。

第二節　土庫事件

黃朝出生於嘉義廳大埤頭庄，雖然由於家貧，未嘗受過良好教育，但自幼即具有國家民族思想，素頗關心國事，與老人黃老鉗結忘年之交，時常談論祖國革命事情，二人互稱爲同志。黃朝對黃老鉗說：「祖國革命成功，推翻滿清二百多年帝業，定中華民國基礎，我亦人也，豈不能驅逐日人，而爲臺灣國王乎？數日前，林杞埔劉乾，只有同志十餘人，猶能擊殺警察，而使頂林派出所全滅，我若廣集多數同志，何愁革命功業之不成？」黃老鉗大爲贊成說：「互相討論以何種方法，方能獲得多數同志。」（註一）二人受祖國革命成功之影響，利用神佛迷信之力量，藉以收攬人心，廣集群衆抗日，來報復日本對臺灣人民之壓迫。當籌謀革命工作時曾有人秘密告發，乃未能起事。如此遭到不幸，實在可惜。

一、抗日之背景

土庫事件發生於林杞埔事二個月後，其事雖相似極微，唯其動機之所發生，實受中國革命成功之影響。（註二）就臺灣本地民族精神之激盪而言，實具有特別之意義。

我國革命，得　國父孫中山先生偉大號召力，於民國前一年，推倒滿清政府，翌年元旦，成立中華民國政府於南京，改紀元爲民國元年。此消息傳到在異族統治下之臺灣人莫不刮目相看，興奮異常，在知識階級方面，雖衷心慶幸，但尚持重俟變，未敢輕舉，而在智識稍差，缺乏思慮者，即欲效尤祖國，致惹無謂犧牲。（註三）如黃朝與黃老鉗是也。

如是，黃朝與黃老鉗既感受辛亥革命成功的激盪，對於日本異族統治的專橫，自是亟思解脫，遂時常與黃老鉗密議，究竟應以何種方法，從事革命抗日活動。按辛亥革命雖爲一波瀾壯闊之革命運動，其影響層面而擴及臺灣，並使其效法武裝起義故智，卻有別於前此之起事，而明牛揭櫫辛亥革命之旗幟者，實以黃朝此次起事爲首。但辛亥革命之所以成功，實有其諸多因素，就領導階層之智識程度而言，多爲學有專長，見識高遠，黃朝既「未受教育」，缺少思慮，徒有愛國之心，對於辛亥革命時期，參與革命活動之方式，以及如何運用宣傳、起義等，都未計及，終於選擇利用迷信號召民衆之方法。（註四）從事抗日活動。

二、抗日活動之方法

黃朝與黃老鉗他們雖然沒有甚麼智識，逼於時勢，憑著他那一股吃苦蠻幹的精神，爲了生計，在不願感受日本統治當局之經濟壓迫。二者志同道合，黃朝自幼即具有國家民族的思想，又素頗關心國事，時常與黃老鉗談論祖國革命事情，現祖國革命成功，建立民國，對他們抗日精神之鼓舞可想而知了。在當時民智未開之際，廣結群衆，藉神佛之迷信力量作號召，尚有可取。同時當地居民對於神佛之迷信甚深，從前有柯象其人，曾參加抗日，棲隱深山有年。幾年前歸來，謂其信奉玄天上帝，能知過去未來事，他將死，當爲神。及其死，衆奉之於玄天上帝廟內，香火不絕。柯象之後，又有張老鐵者，亦假藉神佛啟示，鄰近居民，多受其愚。黃朝思效柯、張兩人故智；利用迷信力量，藉以收攬人心。適於民國元年（即日明治十五年）五月十四日，其母死，即與妻別居，借黃老鉗一室，靜坐、斷食、禮佛。至五月二十二日，開門向衆宣告：自己誠意，已感動天，玄天上帝勅令他，一百日後，當爲臺灣國王。信徒爭向祭壇上香，焚燒金銀紙。愈聚愈多，其勢不可侮。經約一月至六月下旬，得新加信徒十五名；其他多數尚在疑信參半，未即加入。黃朝更宣告神意：謂如不信神，大陸陷落水火繼至，悔之莫及；而且近日中，中國可能派兵一百萬人來援，臺灣革命一定可以成功。（註五）

黃朝之假藉神意，等謀革命事情，宣傳到各方面，有甲長張龍，深恐他日遺禍鄉里，故與保正張加高密商議，若報告派出所，又恐有後禍；遲疑未決，六月二十六日，各處保正，甲長為開保甲會議，集於大埤頭派出所，張龍猶不敢發表，事聞於區長張兵，乃忠告張龍，謂若不開發，禍必及身，張龍懼，招同第二保正張萬來之子，張谷水密告於派出所，問題遂表面化。（註六）

受持查圓崎郡治，即命臺灣人巡查補陳讀，往黃老鉗家，命令解散信徒，不許集會。當時黃朝迴避不出，俟陳讀巡查補去後，乃再集合，討論起義事宜。翌二十七日，圓崎巡查，與陳巡查補同行，復至黃老鉗家，命黃朝與集會中數人，同行往派出所，黃朝自覺事情嚴重，與其徒死，不如拚命；於無提防中，由圓崎巡查宿舍，取出菜刀，猛砍之。圓崎只受輕傷，黃朝脫走不成，司法警察開始行動，信徒等全被逮捕。押送於臺南地方法院，三岡判官擔任辦理。先由筒井檢查官審問後，對全數一十六名，提起公訴，同年八月十日，開第一回公判庭；延至九月二日，始到實地檢證。翌三日，宣告判刑，仍然適用臺灣特殊之匪徒刑罰令，黃朝被判死刑。其他無期懲役二名，有期懲役十二名，行政處分一名。除在檢察庭受不起訴處分之八名外，全部有罪。（註七）

黃朝起事失敗原因，當然是由於張龍之密告。其事件涉及當時日本統治當局之處置態度，值得探究。緣自日本據臺後，為壓制臺灣地區風起雲湧的抗日事件，採取諸多措施，其中之一即為保甲制。保甲由民戶互相聯絡，連帶負責，以防盜賊，檢舉犯罪等（註八）美其名曰守望相助，實則是臺灣人互相監視之制度。

日人據臺後之保甲制度，起源於臺中地方，光緒二十年（西元一八九五年）十一月間，各地雖配置警察人員，而當時地方少數之警察，不能為力，彰化、鹿港地方，依從舊慣，由總理董事設法，招募壯丁，夜間執槍隨警察巡邏輔助市街地區之警戒。（註九）嗣後在南投、雲嘉地區也相繼設立。同年十月下旬，臺中縣所定自衛團組織標準中，一節云：「各庄或各部落，有受匪徒侵害之虞者，務設自衛組合（合作團體）該組合務依從來習慣辦理，自衛組合係以防衛組合全體之身體財產為目的，故該組合內，不論老幼男女，概應連帶負責」。（註一〇）

光緒二十四年（西曆一八九八年）八月三十一日，日總督以律令第二十一號，公布保甲條件，同日以府令第八十七號訂該條例施行細則。依細則之規定，聯十戶為一甲，以十甲為一保，保置保正，甲置甲長，保長由保客戶選擇，甲長由甲內各戶選擇，經地方長官承認，以保持各該區域內之安寧。保甲制度之保長，在乎保甲人民負連坐責任，對於連坐者，得處以罰金或罰鍰。（註一一）光緒二十九年（西元一八九九年）七月底，全臺所有保甲數為四〇八五保，四一六六〇甲，壯丁一八一五團，幹部人員一五〇三人，壯丁一三四、六一三人。（註一二）日本在臺設立保甲，表面上足為警戒防禦（盜）、水、火災等，實際上偏重於統治臺人之自由，防範反日運動之發生。此次黃朝起義事件，保長張谷水和甲長張龍等，深怕受到連累，主動檢舉，黃朝起義之失敗，就可知一切了。

三、土庫事件之特殊意義

綜觀此次土庫事件，黃朝家貧未受教育，但能關心國事，與老人黃老鉗結忘年之交，時常談論祖國革命事情，稱爲同志。依筆者的分析，臺灣自從割讓日本以後，臺胞在日本異族統治下，得到很多不平等的待遇，受到很多壓迫，在心理上是不平衡的，痛恨日本人在所難免。恰在此時，他聽到祖國辛亥革命成功的消息，感到非常振奮。他對好友黃老鉗說，祖國同胞可以推翻滿清二百多年的帝業，創建了中華民國，我們同樣也是人啊！爲何不能驅逐日本人，自立爲臺灣國王。（註一二）他雖然沒有讀過多少書，卻痛恨日本人，其他所有臺灣人，也都是一樣的，再加上受祖國革命之影響，結納同志，進行抗日活動，這是出於內心的一種愛國行爲，也是對日不滿的一種舉動，不但黃朝如此，我臺胞很多都有此種想法，可是多數較爲消極，沒有行動。唯黃朝比較積極，敢於冒險。

然而，黃朝畢竟是個沒有知識的人。他雖受了辛亥革命的影響而立意革命，並幻想中國必能派兵相助，但他卻不懂革命的組織與方法，只是看到了當地居民對於神佛的迷信心甚深，師洪秀全之故欲成其事。這種假藉神意，籌諸革命的方式當然是幼稚可笑，是不可能成功的。（註一四）但他沒有讀過書，而有此假藉神佛抱有反日革命的理想，也具有視死如歸的精神。在臺灣抗日史上，確也有特殊之意義。

【附　註】

註一　井出季太和：日據下之臺政（第二冊），臺灣文獻委員會發行，民國六十六年四月十日修正出版，頁四五三。

註二　同前註，頁四五二。

註三　同前註，頁四五二—四五三。

註四　柯惠珠：日據初期臺灣地區武裝抗日運動之研究，前程出版社出版，民國七十六年四月初版，頁二四三。

註五　臺灣省通志（卷九革命志抗日篇全一冊），臺灣省文獻委員會出版，民國六十年六月三十日，頁三九。

註六　同註一，頁四五四。

註七　同註五，頁三九—四〇。

註八　同註一（第一册），頁三三六。
註九　同前註，頁三三七。
註一〇　同前註。
註一一　同前註，頁三三八。
註一二　同前註。
註一三　李雲漢：國民革命與臺灣光復的歷史淵源，幼獅文化事業公司出版，民國六十九年七月三版，頁三〇。
註一四　同前註，頁三一—三二。

第三節　苗栗事件

羅福星早年曾隨從他祖父羅耀南先生在臺灣居留三年，親眼看到臺灣同胞被異族（日本人）統治，視爲「下等殖民」，任其凌辱剝削。且在倭寇高壓統治下，使臺灣同胞喪失了自己的人格和自尊心。無論是政治、經濟、教育都受到極不平等的待遇。日本人爲鞏固在臺灣的統治，特別制定了「六三法」和「匪徒刑罰令」，利用此法令，可以肆意殺戮臺灣同胞，限制一切自由平等的權利。（註一）由於日本帝國主義在臺種種暴虐無道之行爲，而引起反抗日本的心理，辛亥武昌革命成功，中華民國建立。羅氏毅然決然冒著生命危險來到臺灣策劃抗日革命運動，這完全是基於民族之意識和情感，祖國革命成功，不願看到我臺胞再繼續受日本壓迫，決定潛赴臺灣，發展革命抗日組織，達成光復臺灣之使命，使臺灣重回祖懷抱。

一、抗日革命的背景

羅福星祖籍是廣東省，鎭平縣，光緒二十九年（西元一九〇三年）跟隨他的祖父羅耀南先生來到臺灣居住三年，因爲受不了日本帝國主義對臺灣的鐵腕統治，嚴厲推行殖民政策，暴虐日甚，民不堪其苦。羅福星的祖父感覺住臺灣終難寄留，於光緒三十二年（西元一九〇七年）決定偕同羅福星歸國。（註二）經過漳州看到當地國民革命風氣甚

圖十一　羅福星烈士遺像

盛，彌漫了海內外，同盟會的同志非常活躍。他在漳州逗留期間，回想我臺胞在日本帝國主義壓迫下，受到不平等的待遇。在政治上；日本所表的是專制和歧視。在經濟上；日本所表現的壟斷和搾取。在教育上；日本所表現的差別和奴化，他眼看到這些事實，決心參加國民革命，先推翻滿清腐敗的政府，使中國強大起來，再驅逐日寇，光復臺灣，拯救臺胞。於是經人介紹就在漳州加入同盟會。（註三）從此就追隨　國父孫中山先生展開革命工作。初派往南洋各地活動，宣揚革命主義，歷任新加坡、巴維亞（即今日印尼首都雅加達）華僑中華學校校長，還曾擔任同盟會在緬甸經營的書報社主任，因此與南洋一帶的華僑領袖和革命同志，建立了深厚關係。（註四）後來參加廣州辛亥三二九之役，英勇奮戰，身受重傷，幸脫險又回到南洋，繼續從事革命宣傳工作，並募款支援革命。民前一年（西元一九一一年）八月九日（即陽曆十月十日）這天發動武昌起義，一舉使光復了武漢三鎮，全國各地，紛起響應；羅氏亦響應在巴達維亞召募當地民兵約二千人，接獲電報，立即率領回國參戰，在廣州受領武器後，奉命搭艦參與上海、蘇州一帶的爭奪戰；不久清帝宣告遜位，中華民國遂告成立，到了十二月，大局底定，隨將民兵解散，羅氏也於民國元年（西元一九一二年）返回廣東原籍。（註五）羅福星參加革命，冒險犯難為革命付出很多代價，而並以此自居其功，他這種淡泊明志的情操，充分表現了革命黨人的高尚人格，可以說他是一個不計個人名利和權位的革命典範志士。

二、羅福星來臺策劃領導的抗日革命運動

辛亥武昌首義，革命成功，民國建立，爲祖國帶來光明遠景，也爲臺灣同胞帶來了希望，祖國的同胞在滿清專制統治下得到解脫，臺胞也應從殘酷的日本帝國主義統治下獲得拯救。羅福星在民族思想情感啟示下，他看到祖國同胞已從滿清專制下解脫，享有自由，民主和幸福的生活，臺灣同胞仍在日本暴虐統治下淪爲異族奴役，過著殖民地牛馬不如的人民生活。他認爲同是炎黃子孫，同是大漢民族的手足，不應該一部分人享有自由，一部分人仍被奴役。因此他決定把革命的目標指向臺灣，要在國民革命的同一旗幟下，驅逐日本帝國主義，使臺灣同胞早日回到祖國懷抱。羅福星爲實現光復臺灣，拯救臺胞的理想。因此他決定到臺灣來，領導臺胞從事抗日革命運動。（註六）

據羅福星自述，他是於民國元年七月接到同志劉士明的信，提議共同到臺灣密謀起事。同年十月，他接受了福建都督的密令，與十二年革命同志由大陸渡臺，於十月十三日到達了臺北大稻埕，經過了一次會商後，十二志士遂開始分別從南北各路募集會員，準備大舉。羅福星本人回到了苗栗，建立了發展組織活動中心，他採取的組織路線是：以苗栗爲指揮中心

，從臺北、臺中、臺南分頭進行；以中華會館爲主體，三點會，革命會爲外圍；以宣傳祖國革命成功爲號召，推翻日本人統治光復臺灣爲終極目標，由於宗旨的正確與運用的得法，革命組織的發展極爲快速。據羅氏自述，不到一年，召募的同志即將近十萬人。（註七）

由於羅氏先前參加同盟會，曾任南洋多年宣傳革命，並且親自參加過黃花岡三二九之役及募集志士響應武昌起義。因此，他富有革命經驗。同時他又曾在臺灣居住過三年，對臺灣地理環境也較熟悉。所以來臺策動抗日革命運動，他是最適當的人選。他來臺後領導抗日革命運動所使用的方法與　國父孫中山先生領導革命之模式相同。倡導民族主義，喚起臺胞之民族意識。在革命的目的上，他明白提出：「驅逐日人，恢復臺灣」。在他的革命宣言裡曾提到：「我大中華民國面積，占五大洲、六大洋，三分之一，爲世界冠；人口最多。我臺民來自中華，臺民於十數年前，有志維新，痛心亡國奇恥，且鄰國（日本）苛政，實諸君所深痛也！俄國(Russia)滅亡猶太(Jew)僅經二十年，種族且滅，文字亦廢。然而猶太人口四百餘萬，面積東西六十二英里(Mile)南北一百二十六英里。人口多於我臺將二倍；且猶太爲世界最先開化之國，而今俄國視之犬馬不如也。諸君不見日本滅琉球乎？僅五十年，種族且滅，文字亦廢。今也亡國之民。失家失業，多流爲乞丐。猶太人、琉球人遭此悲慘境遇，亦爲我臺灣人士所深知也。日本滅我臺灣茲十有九年，而人民受害已非淺鮮？譬如：今日剝我皮膚；：四五年後，削我骨肉；八九年後，必吸我骨髓矣！哀哉我臺民！概自日本亡我臺灣，奪我財產，絕我生命，日本苛政，無所不用其極，豈有諸君甘心長受！」（註八）

羅氏之宣言，後來已漸漸深入人心，使我臺胞均能領悟，所以均能群起參加抗日，就像羅氏所言：「殺頭相似吹風帽，敢在世中逞英豪」，又說；「人生不二死，該死不死，污名留千載；死得其時，留芳名於百世，此眞男兒也」等豪語。（註九）

前面曾談到，羅氏到臺尚不及一年，組織已由臺北發展到臺南。臺北盟主劉士明，臺中爲劉金甲，臺南爲邱維潘，桃園、苗栗一帶則由他負責。由於組織迅速發展，吸收的同志也愈來愈多，雖然各書記載不同，說法不一。但在他的自述中則謂：「已募集之會員達九萬五千六百三十一名之多。」（註一〇）從此數目看來，聲勢相當浩大，在此龐大的組織裡，參加抗日份子又這麼衆多，當然就顯得複雜。先是陳阿榮等烈士在革命未成熟前，先行起義，暴露出革命的行動。另外就是日人在大湖支廳警所的槍枝遺失，（註一一）引起日人的注意。恰在此時吳覺民部，吳頌賢、葉永傳於民國二年九月九日晚假大湖天后宮擧行會議，與會人員有四、五十人不愼被日人偵知，當場被日警捕去有吳頌賢、葉永傳等八人，（註一二）其他與會的同志逃避。被捕的志士經不住日警的嚴刑拷打，而珠連了羅氏所領導的組織，於是羅氏之重要幹部大都被日警抓去。有些同志看大勢已去，說服羅氏早日脫離險境，離開臺灣，此時自己逃亡在淡水芝蘭之堡農民李稻穗家裡，俟機偷渡回國，暫避其鋒；不料日警早已佈下眼線，行踪終被興化店派出所探悉，於民國二年十二月十八日深夜，由淡水支廳長親自率領大批日警把李稻穗家重重包圍，羅福星當場被捕。(註一三)日人從身上搜出一本革命黨員名冊，一本有關革命行動雜記。因此，按照黨員名冊地址大肆搜捕，被抓的同志甚多。日人在苗栗設置臨時法庭，有關羅氏領導被抓去的同志，先後分兩次審判，羅氏第一次尚未被捕是缺席判決死刑。第二次被捕後於民國三年二月二十八日被日法庭仍判處死刑，遂由日警從苗栗解到臺北監獄，於民國三年三月三日執行死刑。羅福星烈士慷慨激昂，從容就義。

羅福星烈士在臨刑前並寫一首詩「祝我民國詞」特別把「中華民國孫逸仙救」八個字成詩的句首，其內容：

「中」土如斯更富強，
「華」封共祝著邊疆。
「民」情四海皆兄弟，
「國」本苞桑氣運昌。
「孫」真國手著先唐，
「逸」樂豐神久既章。

「仙」客早貽靈妙藥，
「救」人千病一身當。

最後並留下絕筆書：「不死於家，永爲子孫紀念，而死於臺灣，永爲臺民紀念耳！」他這種頂天立地浩然之氣，實不愧爲黨員的典型，更是以警天動地而泣鬼神，足仗敵人膽怯心驚。

三、死後獲得哀榮

「哲人日已遠，典型在夙昔」。文天祥這兩句詩，可以說，正是對羅福星烈士的寫照。從他生前的詩文以及遺言可以看出他的偉大，充分表現出他有血有淚的情感及愛國思想。臨就義時，他曾對獄吏說：「事已至此，尚不服罪，非男子本色。古語云：『人一世，花一春。』大丈夫不爲名，徒憧憬於濁世，何益之有？我生於憂患，死於安樂，以笑迎死者也。若我不被處死，有何面目對九泉下之死難同志？又何面目見受刑者？我不過行自由平等之權利，不論受何重刑，亦不認爲自己爲罪惡。」（註一四）從他這段話，可以看出他的英痽本色。他雖然爲革命犧牲，而他的革命精神卻給後世留下深刻的印象，尤其他爲臺胞永遠對他的懷念。

圖十二　羅福星烈士紀念塔

臺灣光復後，羅福星等烈士之忠骸，原被日人棄於臺北市安東街四一二巷內草坪中（日據時期稱叛民墓）。過去乏人問津；後來由於苗栗縣縣議員徐金福、劉傳村暨地方熱心公益人士饒見祥、詹明能等倡導建立昭忠塔於大湖羅公岡山麓，謹奉羅公福星等暨歷次革命烈士之忠骸，安葬於塔內（註一五）。

民國四十二年四月三十日昭忠塔落成典禮時，總統　蔣公派何應欽將軍主持外並以臺忠字第一號明令褒揚，其內容：「羅福星少懷壯志獻身革命黃花岡之役效命前驅武昌起義聞風響應，民國元年奉命來臺號召群英密圖大舉殫精竭慮蹈險履危，不幸事敗竟以身殉從容就義凜然其忠貞，爲國失志恢復之精神，殊堪矜式，應予明令褒揚。此令」。同時全國各界贈送詩詞，聯語數十幀、輓聯、花圈、花籃不計其數，他代表著臺灣無數的抗日革命烈士犧牲奮鬥之事蹟，從此名垂史冊，永爲全國及臺民紀念。

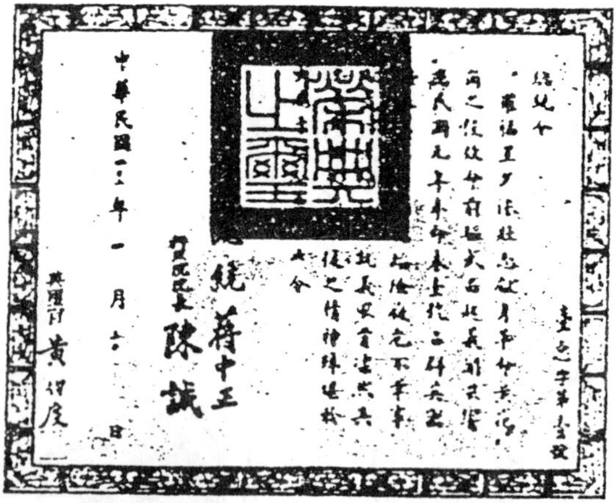

圖十三　羅福星獲總統　蔣公褒揚令

【附　註】

註　一　羅秋昭，抗日先烈—羅福星，近代中國雙月刊，第十九期，民國六十九年十月二十日出版，頁二九四。

註　二　臺灣省通志，卷九（革命志）抗日篇（全一冊），臺灣省文獻會出版，民國六十年六月三十日，頁四〇。

註　三　國立編輯館編，中國現代史，幼獅文化事業公司出版，民國七十年元月九版，頁二四。

註　四　陳澤主編，臺灣先賢先烈專輯（第三冊），臺灣省文獻會發行。民國六十七年六月出版，頁九一。

註　五　同前註。

註　六　蔣子駿：革命先烈—羅福星，博愛雜誌雙月刊，第七卷，第五期，　國父遺教研究會高雄縣分會出版，民國七十三年九月一日，頁三八—三九。

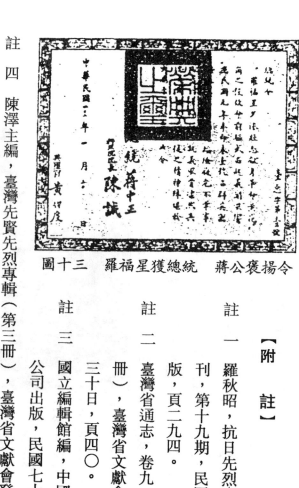

註七　李雲漢：國民革命與臺灣光復的歷史淵源，幼獅文化事業公司出版，民國六十九年七月三版，頁三二—三三。

註八　漢人，臺灣革命史，文海出版社有限公司印行，民國三十四年十月，頁三九—四〇。

註九　林衡道主編：羅福星抗日革命案全檔（全一冊），臺灣省文獻會發行，民國六十六年四月十日修正出版，頁四二。

註一〇　同前註，頁四一—四二。

註一一　曾迺碩，國父與臺灣的革命運動，幼獅文化事業公司出版，民國六十七年三月出版，頁二〇六。

註一二　同前註。

註一三　同註四，頁九四。

註一四　王惟英編：羅公福星紀念冊，頁一六。

註一五　臺灣抗日忠烈錄（第一輯），臺灣省文獻會編印，民國五十四年十月出版，頁一〇三—一一二。

第四節　六甲事件

苗栗事件結束後，羅福星被捕殉難，表面上看，臺灣抗日革命運動，似乎暫時被日本暴力鎮壓下去而平靜了。實際上臺灣各地同胞抗日的行動，受辛亥革命成功之影響，仍在暗中激盪，在每位臺胞心目中，並未因日本鎮壓而稍息。果然未出三個月，復有六甲事件發生。六甲屬於嘉義廳管轄，位置在烏山頭之西，林鳳營之南，設有六甲支廳。（註一）羅阿頭因不滿日本之高壓統治，在此高舉義旗，反抗日本的怒火又開始了。

一、羅阿頭起來抗日

六甲事件之領導人羅阿頭（亦名羅臭頭）住嘉義廳店子口支廳之南勢庄，其家世頗爲富裕，幼時聰明好學，並習拳術，文武具佳，廣交識，不事生產。自與兄羅順興分家後，家道漸次中落。民國二年秋因案由店子支廳加以行政警戒，臭頭不堪警察之干擾壓迫，遂携帶妻子，避入六甲支廳之烏山頭。（註二）自幼他就有民族意識，再加上受日人之壓迫，抗日仇敵的心理更甚，雖抱有驅逐日人，光復臺灣之夙志，但知力薄，孤掌難鳴。棲隱烏山以後，物色同志，與大坵園庄陳條榮、羅文卿等相交甚密。他們平時對日在臺之暴政，均極感不滿，非常憤慨。他對羅福星在臺領導抗日之行動，結合如此，多對日不滿之志士，聲勢又那麼浩大，不但十分敬佩，更鼓舞他抗日之信心。本有意響應羅福星之起義；後聞羅氏被捕就義，未能如願，遂下決心要爲羅氏復仇。（註三）

民國三年四月，羅阿頭乃遷居大南勢庄，築小屋於山中，（註四），主要脫離日本警察監視，便於在此起義，入夜研究兵書，以及觀音經等。（註五）羅阿頭乃用心計畫地在二尖山，位於標高二千八百五十尺之山腹約九縫口之豁間，係火山廟舊跡，今猶稱做火山巖，深受庄民尊信之靈域。似如刀削刮斷崖，圍繞周圍，更有鬱蒼樹叢蔽住當之避遁場所。若由正面進出則由於蔦蔓蓋住懸崖絕壁，單身亦難於攀登，而須先沿背後樵路，再大迂迴經距長峻阪險路，出山巔，又循沿稜線，向右下行方向可抵達巖窟。據稱，同地雖距前大埔派出所呼聲回應，但因須取右迂迴路，如平地人之腳力，往復勉強亦須費一天行程。（註五）盤據於如斯天險，日夜研究兵書，以及觀音經等，他乃用心計畫，如何推翻日本政府，使得完成民族革命。遂加緊募集黨員，急於組織革命黨。（註六）他在六甲支廳，徵得羅獅，羅陣兄弟加入。當時，總督府曾舉行討伐生番，且命令各地警察官徵集多數保甲人夫，結果此地一帶居民陸續被徵用。因彼等認爲番地行甚危險，企圖逃走者甚衆，而警察官實行防止窮極之策，不得已對保甲民加強壓迫手段。此地方係屬歸順土匪村莊，無賴之徒卻懷思昔之亂世，嫌惡今日之有秩序生活。值時，羅阿頭趁此良機，乃召集逃亡者。尚勸誘，若保甲人夫徵召者，其避應徵逃入岩窟內，均能受安穩保護。於是，對政治抱懷不平份子相繼出入同岩窟，或懷迷信觀音佛祖等亦有不約而同入山者，但均被羅阿頭之秀麗容貌及橫溢才智誘惑，於神前結盟，爲其部下者，有羅春生、陳老豹、羅頓、楊松、羅添丁、王朝枝、李松、林班、陳保、羅善等爲先，繼達庄衆數十名。

禮拜堂前，聚有五枝竹以作爲旗竿，懸掛青、赤、黃、黑、紫之五色旗，黑旗以紅色字外其他各色旗均以黑色書文字。祭壇上，弔一個二寸四角形袋，供置香爐一個，奉祀天公，三界公等列神。受羅阿頭指揮於神前結約者，嚴告不得有違約行爲，若違背者應受嚴重處罰。（註七）其中羅獅、羅陣、陳條榮等，時常聚於山中小屋，討論革命方法，主要在擴大招募同志，培養勢力以擊敗日本，如能打垮日本在臺政府，報請我政府論功行賞，而達終生之宿願。（註八）

二、事不由己，先發制人

在羅阿頭、陳條榮的秘密策劃下，使臺灣人民在日本暴政下響應抗日革命的人數逐漸增多，尤其附近各村莊的人民，聞風而來，紛紛參加，有數百同志（註九）。於是羅阿頭所領導抗日武力很快壯大。他們計畫於民國三年（西元一九一四年）舊曆七月發難，攻取六甲支廳；不料在準備發難的前夕，五月五日，日警忽然發覺店子口支廳大埔派出所內遺失村田槍二支及子彈若干？當時距離羅福星革命事故發生不久，日本當局一得情報，即大爲緊張，開始大規模搜查。（註一〇）羅阿頭得知此一消息後，立刻召集同志研討，如革命組織在義舉前遭日破壞，則對我們革命工作推展非常不利，於是羅阿頭決定先發制人，提前於五月七日夜起義。（註一一）

羅阿頭提前起義的消息發出後，革命同志遂於五月七日夜紛紛齊集羅之住處，待命行動，攻取六甲支廳，順途襲擊大坵園，王爺宮派出所，適逢兩派所警員外出皆不在，未達到殲敵之目的，（註一二）一無所獲。沿途民衆，聞起義抗日事發，自動踴躍參加者，有七、八十名，各持槍刀，棍現成武器，一路向六甲前進。但六甲支廳早已接到情報，急派警部補野田又雄，率巡查一隊，於八日夜趕到王爺宮營造材地，與羅等一行遭遇，（註一三）互相攻擊開戰，野田警部首先開槍。一行於是夜十一時許，利用月光於上述造林地附近山路進行中，被羅部發現，羅獅、羅陣、陳條榮、林班等，隱匿於自同山路向六甲之右手高地萱草叢，另楊松、李松等隱匿於同處之左手高地萱草叢，安放槍械，引進警察隊至眼底下，實行俯瞰夾擊，彼等攜帶槍械多屬舊式，如楊松於現場射不出一發子彈。是時，野田警部補之右下腹部及右腕上膊部各受盲貫槍創傷，外一行均無受傷，一同伏射積極應戰，結果，沒有系統烏合之衆羅部，竟未反抗忽退回本隊，中途邂逅聞彈聲馳來之槍械攜帶者羅阿頭、王朝枝、李岑、陳良等，雖經羅阿頭諭須堅持到底，但羅卻未允仍向後方退走。但結果羅部終未抵抗，結果崩潰。野田警部補負傷後一時倒地於現場附近，未幾，因下腹部創傷而動脈大量出血，竟於八日午前之時許，死亡。（註一四）

從此羅阿頭、羅陣、陳條榮、林班、李松等，逃至楊松宅用早餐後，攜隨留置於此之眷屬，與其他逃走者，一同攀越烏山嶺險境，出三腳石，逃竄各方，嗣後受警察包圍，結果，始自頭目羅阿頭等相繼自殺、餓死，或因抵抗被殺戮者，層出不窮。此外，大部分均就捕。（註一五）總之，未達目的而遭失敗。

此事件後經臺南地方法院宣告判決者，死刑八名，無期徒刑六名，有期徒刑七年九名，無罪者無。

臺南地方法院檢察官松井榮堯以臺南地方檢舉第一七六三號（大正三年十二月四日），呈臺灣總督伯爵佐久間馬太閣下有關六甲事件判決報告乙份如下：

本年八月二十五日，以檢親發第八八號報告在案，對於六甲匪徒事件，起訴之被告二十三名，經審理結果，業已宣告判決如左：

恭請　鑒核。

死刑　羅　獅　缺席

死刑　李　松　缺席

死刑　林　班　缺席

死刑　陳條榮　缺席

死刑　王朝枝　缺席

死刑　楊　松　出席

死刑　劉　德　出席

死刑　羅添丁　出席

無期徒刑　李　有　出席

無期徒刑　陳老豹　出席

無期徒刑　陳　保　出席

無期徒刑　羅春生　出席

（即羅豬江）

無期徒刑　陳　德　出席
無期徒刑　羅　頓　出席
有期徒刑七年　陳東法　出席
有期徒刑七年　陳大耳　出席
有期徒刑七年　羅　云　出席
有期徒刑七年　林　硯　出席
有期徒刑七年　羅　心　出席
有期徒刑七年　楊來盛　出席
有期徒刑七年　陳　曾　出席
有期徒刑七年　湯茂隆　出席
有期徒刑七年　林智投　出席
以上二十三名（註一六）

三、事雖失敗，精神可佩

以上在羅阿頭烈士領導抗日之六甲事件，凡參加之志士，無論是被日人判處死刑也好，無期徒刑也好，有期徒刑也好，他們都是受害者。固然他們有些爲國捐軀，在民族大義下犧牲了，但是他的犧牲是有意義，而且也有價值的。事雖失敗，其精神可佩。

羅阿頭家庭富裕，聰明又好學，幼習拳術，知文又能武，心胸寬闊，但看不慣欺壓善良之惡勢力。日本人在臺專橫，當然他也看不慣，再加上他因案曾受到日警行政戒告，且不堪日警之干涉壓迫，舉家搬遷避入六甲支廳烏山中。由於日本統治當局之專橫，親身感受而激發出之民族意識及仇日心理，遂抱有驅逐日人之志。此時祖國辛亥革命成功，推翻滿清異族統治，更啟發和鼓舞抗日之精神。他深感勢力單薄，難以奏功，時常下山，物色同志，遂加緊募集黨員，急於組織革命黨，培養革命勢力，以期擊敗日本，而達成驅逐日本人之心願。羅乃用心計畫，自從羅獅、羅陣兄弟加入革命後，常與他們在山中小屋討論革命方法。雖然他們所使用的方法未脫離迷信「誦經禮佛」之色彩。但較往劉乾等更進一層，至少知道運用民族革命的方法，組織革命黨，擴大招募同志，培養擊敗日本之實力。（註一七）如得打垮日本政府，羅阿頭即可登極，部下當論功行賞。（註一八）關於此種主張，可見他仍未脫離英雄主義。

由於事急，非先發制人不可，羅阿頭領導部屬抗日，雖然沿途民衆，聞風響應，踴躍參加者，有七、八十名，因平時感受日本當局的壓迫，均能英勇奮戰，慷慨犧牲，但由於部衆缺乏組織與訓練，應以烏合之衆視之，再加上武器裝備亦不如日人，混戰多時，羅軍漸感不支，分散仍退回山中。羅見事不可爲，因不願被捕受辱，與羅陣、羅其才，同時自殺。（註一九）羅能表現出士可殺而不可辱之民族正氣，可能與他讀書有關，他這種反對異族統治的犧牲精神，已列入臺灣抗日史册，實使我們非常敬佩。

【附　註】

註　一　臺灣省通志，卷九革命志士抗日篇（全一册）臺灣省文獻會發行，民國六十年六月三十日出版，頁四四四。

註　二　洪敏麟主編，雲林、六甲等抗日事件關係檔案（全一册）台灣省文獻會發行，民國六十七年十二月版，頁一四三。

註　三　蔣子駿，羅福星與臺灣抗日革命運動之研究，黃埔出版社，民國七十年十二月出版，頁一七八。

註　四　同註一。

註　五　同註二。

註　六　同註一。

註七　同註二，頁二三五—二三六。
註八　同註一。
註九　同註三。
註一〇　同註一，頁四五。
註一一　同註三。
註一二　同前註。
註一三　同前註。
註一四　同註二，頁二三八—二三九。
註一五　同前註。
註一六　同前註，頁二三八—二四〇。
註一七　同註一。
註一八　同前註。
註一九　同前註，頁四五。

第五節　西來庵事件

圖十四　余清芳遺像

西來庵（又稱噍吧年）抗日事件係由余清芳領導，其事件發生於民國四年夏間，距離羅福星抗日殉難後剛滿一年，六甲抗日事件不滿半年，余清芳抗日事件又起。充分證明，由祖國辛亥革命成功，鼓舞了臺胞抗日情緒，再加上不滿日人之暴虐統治，所以抗日事件較前更頻繁，一波甫平，一波又起，前後不斷在激盪，抗日事件始終不斷的在發生，使日人窮於應付。總之，日寇異族在臺灣一日不驅逐出去，在臺抗日事件就一日不會終止。

余清芳以臺南西來庵爲抗日籌備所，故日人稱爲西來庵事件。（註一）我臺胞稱爲「噍吧哖慘史」。噍吧哖乃是一地名，即今日之臺南縣玉井鄉。民國三十四年，臺灣光復後，爲紀念余清芳此一抗日事件之犧牲，特在玉井鄉虎頭出立紀念碑一座，供後人追憶此一抗日悲壯史實。噍吧哖慘史不能忘，由於日軍當年在臺淫威肆虐，臺胞在余清芳領導下揭竿而起，雖然此一抗日事件失敗，但此血淚壯烈可歌可泣的事蹟，名聞中外，早已流傳人間，值得我們永遠紀念。

一、西來庵抗日事件之背景

余清芳（又稱余清風）別名滄浪，通稱（余先生）。父名余蝦，母名余洪好，早年從閩南遷來臺灣阿猴廳，後卜居臺南廳長治二圖里後鄉庄。清芳於光緒五年（西元一八九七年）十二月生於阿猴廳，六、七歲時就讀私塾，習國文數年。父早已去世，母持家務，因家道清寒，故於十二、三歲輟學，傭於米店，得微薪以奉養寡母。日軍侵佔臺灣時，年方十七歲，不願受異族統治，投身武裝抗日義軍。（註二）抗日失敗，隱居自重，不露仇日聲色。光緒二十五年（西元一八九九年），任職臺南廳巡查補，被派在臺南、鳳山、阿公店等地服務，他在二十至二十九歲之間，都從事斯職，因他個性豪爽，喜交際，看不慣日人在臺之暴虐統治，漸露反日言論，已引起日人注意。光緒三十年（西元一九〇四年）辭去巡查補職務後，經常出入臺南廳各齋堂，勸誘佛教信徒，利用信仰，讓他們參加抗日大業，以擴大抗日勢力。三十歲加入鹽水港二十八宿會之秘密抗日活動，日警發覺後被捕，押送臺東加路蘭流浪者

收容所。因他謹愼並且勤勞，經過二年十個月的日子，釋放回鄉。（註三）

他在拘留「管訓」期間，吃了不少苦頭，從此他對日本人更痛恨在心，於是利用機會，多方接近民衆，宣傳反日，當時祖國革命日盛，更得其力。在此期間，結識了臺南廳參事蘇得志，因蘇得志的關係又加上大潭莊區長鄭和記。余、蘇、鄭三人時常往來會談，傾吐反日心情，蘇、鄭二人非常讚同余清芳之主張，並暗中協助。（註四）他倆雖未敢參加實際工作，但對余清芳反日活動幫助甚大。

日人竊據臺灣以後，採取各種方法壓制，希望臺胞馴服，不知多少臺胞，因不滿日人之作爲，遭受日軍無故屠殺，住屋被焚燒者，亦不計其數。日本在臺之統治，可以說暴虐如猛虎，我臺胞在日本異族暴虐統治下，求生不得求死不能，當然對日不滿。因此迫於走投無路，只有紛紛起來抵抗，自甲午戰敗後，乙未日本據臺，以迄羅阿頭志士在六甲起義。在此二十多年間就發生過十多次較大規模的抗日運動；如先前唐景崧、丘逢甲、劉永福之反抗日本佔領臺灣。次後如林大北、簡易、柯鐵、陳發、蔡清琳、劉乾、黄朝、陳（沈）阿榮、張火爐、李阿齊、賴來、羅福星、羅阿頭等。他們都是在日本佔領臺灣後，因不滿日人之暴虐統治而起義反抗。余清芳富有正義感並有民族意識，深受各次起義之影響，再加上祖國革命成功，在此背景下，認清日本帝國主義之陰謀，壓搾之目的，在從事對外侵略，余清芳因此產生了抗日革命思想，結合對日不滿份子，反抗日本在臺之暴行，於是就在西來庵（噍吧哖）起義。

二、西來庵抗日事件之經過

余清芳爲西來庵抗日事件之主腦，江定、羅俊二人副之，他們抗日共同的目的，不願受異族日本人之壓迫，而共同決定驅逐日寇，恢復國土，使臺灣重回祖國懷抱。

余清芳最有力的革命同志江定，歷居臺南廳，楠梓仙溪里竹頭崎庄之隘寮腳，資望高而富有俠義心，被舉爲區長，在職二年餘，光緒二十五年（西元一八九九年）由於職務上的關係曾擊斃莊民張掽司，被噍吧哖日本憲兵捕去，治以殺人罪，他俟機脫走，走隱山中，當時以爲他已死亡。詎料翌年全臺各地義民紛紛再起抗日時，江定也率領義民四、五十名，出現嘉義廳下後大埔方面打游擊戰，時戰事至爲猛烈，他卻安然無事，再退入山中。（註五）光緒二十七年三月，日軍在臺南廳南庄逮捕二嫌犯，詢問鄰近，證言其中一人爲江定，遭殺害。其實江定與其子江憐已脫逃入後掘子山中，擇天險要地，作爲防禦線，結草屋居住，結合甲仙埔及六甲方面抗日志士數十年，待機再作抗日之舉，糧食爲竹頭崎庄民提供。江定居山中十餘年，志士愈來愈多，有山內王之稱，身邊有兒有女。雖可享天倫之樂；但屆知命之年，不願與草木同朽，永困山中了此一生。（註六）於是決定下山結合志士擴大從事抗日工作，爲國效命。

另一得力助手羅俊，參加余清芳抗日工作，時羅已屆花甲之年，但精神體力均佳，並富有民族意識和革命精神。世居嘉義他里霧。讀書而不喜科舉，後轉而學醫

圖十五　羅俊遺像

，光緒二十六年（西元一九〇〇年）投身義民抗日，事敗密渡回國，歷遊華南各地約七載，以假名羅秀或羅壁，潛返故鄉，家境大變，不僅三子俱歿，妻子亦已改嫁，家產竟被姪霸佔，且有被日警發覺被逮捕之危險。乃於光緒三十二年（西元一九〇六年）六月再回祖國，遍遊廈門、漢口，遠及安南、暹羅等地，以行醫或看風水爲業。（註七）雖然人在大陸，但對於驅逐日本人離臺，光復失土，時刻都未忘記。宣統三年，武昌起義，清廷退位，建立民國。羅俊東望臺灣，深感收復失土有望。民國二年臺南籍的陳全發，密渡廈門，尋訪羅俊，告訴余清芳在臺灣，忙於籌備抗日工作，並勸回臺共謀大舉。羅俊得在臺舊知嘉義廳西螺堡新宅庄賴成及臺中廳燕霧下堡黃厝莊賴楚各捐五十圓，共一百圓作爲旅費，經鄭龍手送給羅俊

圖十六　西來庵圖

，於同年十二月中旬，以齋友名義，率同許振欽、余金鳳、余炳祝、余大志及白石紫、余世鳳二女性，由廈門登船，同月十六日抵淡水，遂即造訪賴慶、賴成、賴淵國、賴宜各志士，討論如何進行抗日工作，以光復臺灣。（註八）

余清芳以西來庵爲籌備抗日基地，得同庵董事蘇得志、鄭利記兩人之協助，深得信徒之信仰，表面上已修築廟宇之名義，廣募捐金，實則抽出大部分作爲抗日軍資。此時亦有不少同志向各方面活動，一日，有一位張重同志，深悉臺中方面，羅俊已著手組織抗日團體，急報告余清芳與其合作，經張重之介紹，二人見面談及抗日事件，深感相見恨晚，決定誓約締盟，著手籌備，號召同志，在南北起義，二人會晤後，各別從事宣傳並組織團體，在此時余清芳又得同志林吉之介紹，入山探訪名聞各地之江定，由林吉安排以南庄興化寮爲余、江兩人會晤處。江定居住山中十年，外間消息欠通，唯反抗異族之統治心情，始終未變，兩人相談，一見如故

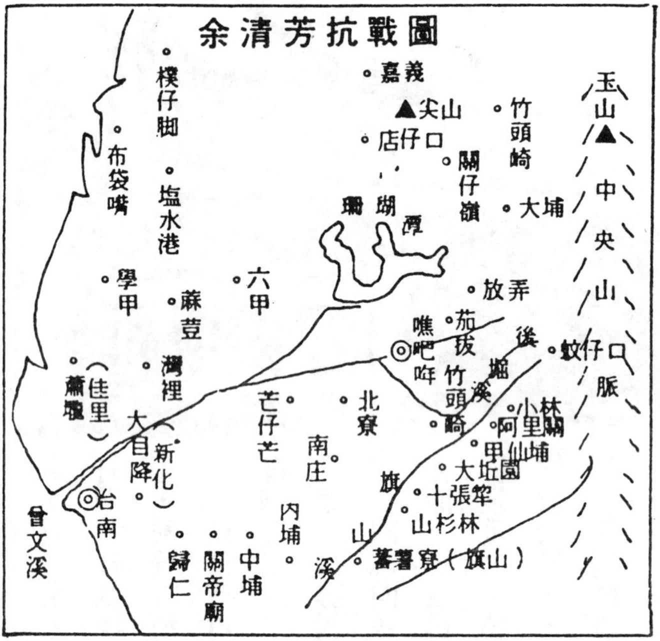

圖十七　余清芳抗戰圖

，肝膽相照。（註九）江定立即贊成反日活動，俟機一到，當率志士下山殺敵。

余清芳自會晤羅俊及江定以後，加緊準備，利用宗教信仰，宣傳日人暴政，促起民族覺醒；又分發神符、咒文等，經常舉行扶乩，以鞏固大家的信心。這時候，羅俊等在中北部的宣傳也很順利，江定在山中聚集的武裝抗日同志也愈來愈多，一時南北各地加盟的人甚衆。余清芳看到時機已成熟，乃以大明慈悲國的名義，發表諭告文，此項諭告文，不啻爲一篇痛切淋漓的討日檄文，爰引其要點如次：

「大明慈悲國奉旨本臺征伐天下大元帥余諭三百萬民知悉。天感萬民，篤生聖主，爲民父母，所以保毓乾元，統馭萬邦，坐鎮中央。古今中華王國，四夷臣服，邊界來朝，年年進貢。豈意日本小邦倭賊，背主欺君，拒獻貢禮；不遵王法，藐視中原，侵犯疆土；實由滿清氣運衰頹，刀兵四起，干戈振動，可惜中原大國，變爲夷狄之邦。……倭賊猖狂，造罪彌天，怙惡不悛。乙未五月，侵犯臺疆，苦害生靈，刻剝膏脂，荒淫無道，絶滅綱紀，強制治民，貪婪無壓，禽面獸心，豺狼成性，民不聊生，言之痛心切骨。民命何辜，遭此毒害。……今年乙卯（西元一九一五年）五月，倭賊到臺二十年已滿，氣數爲終，方地不容，神人共怒。我朝大明，國運初興，本帥奉天，舉兵討賊，興兵伐罪，大會四海英雄，攻滅倭賊，安良除暴，解萬民之倒懸，救群生之性命，天兵到處，望風歸順，倒戈投降。本帥仁慈待人，憐恤性命，准人歸順。倘若抗拒，沉迷不悟，王師降臨，不分玉石，勿貽後悔。……望爾等良民，聽從訓示，遵守王法，早引歸順，勿生異心。爾等有志，意願投軍建功立業者，本帥收錄軍中效用，但願奮勇爭先盡忠報國，恢復臺灣，論功封賞。本帥言出法隨，爲國薦賢，執法如山，決無偏私，爾等萬民，各宜凜遵而行，勿違於天。」（註一〇）

日當局對這「計謀」本來微有所聞，到了民國四年五月二十三日，在基隆港開往廈門的日輪大仁丸中，發現臺南廳阿公店支廳居民蘇東海與同行兩華僑行跡可疑，遂加以拘留偵訊。蘇氏本爲抗日志士，拘留後爲恐抗日組織敗露，乘日警不備，託同拘留日籍娼婦代爲送信給員

圖十八　江定遺像

林之同志賴淵國，但此信爲日警截獲。信中通知賴氏情勢危急，盼早日作準備，如被查詢，應知如何作答，以免彼此答話矛盾不同之處等等。由於欲蓋彌彰，更加暴露抗日活動之情形。而日警在獲得這項情報之後，便立即通知臺北、臺中、臺南各廳，大肆搜查抗日志士，由於日警搜查來的突然。如張謝成、張重、賴淵國等志士，未及走脫，先後被捕。（註一一）羅俊也於六月二十九日在嘉義東堡竹頭崎庄尖山森林中被捕。

當時，余、江兩人是在嘉義、臺南、阿猴三廳交界的後堀子山中；此地山谷重疊，林木蓊鬱，所以日警察隊均無所獲。七月六日，革命黨人在臺南廳噍吧哖支廳牛港仔山與日人首次交鋒，雙方各有死傷，江定的兒子江燐於此役戰歿。余、江看此情勢已急，於是集合同志千餘人，祭旗興師，於七月九日拂曉，由余氏親率志士突襲甲仙埔支廳，另分隊襲擊小張犁、大坵園、阿里關等地警察派出所，殺日警及其家族三十餘人；八月二日，襲南庄日警派出所，殺死二十餘人，並乘勢於六日攻噍吧哖市街，佔據噍吧哖支廳東北一千八百公尺地點，標高三百九十三尺高地虎頭山，憑險築塞，與日方對陣。臺灣總督安東接獲這報告後，乃下

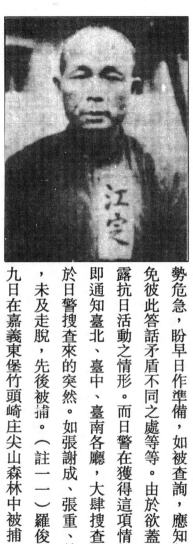

令出動軍隊，星夜來援，可是出戰不利，又再派一大隊接援，日夜轟擊，連戰七晝夜。革命軍本來條件不足，經日方正規軍的猛攻，情形漸見惡劣，且因訓練不足，武器破舊，彈藥缺乏等，缺點甚多，愈爲明顯，終不能支持，大寨卒被攻破；六日傍晚，乃放棄陣地，分散退入各處山谷中，日軍警於是開始圍山，從事搜索。這時革命志士被殺的很多，被捕的也不少。（註一二）

當今村上尉率領的第二聯隊步兵開到噍吧哖時，擬有一個誘殺的詭計，以便一網打盡。他們首先高懸安撫的告示，詐稱准歸降者免死，到了在逃的庄民大多數歸村之後，乃藉口要分別善惡，命令庄中的所有壯丁老幼全數在郊野整隊排列，然後再命令他們携鋤掘壕，等到壕掘成，於八月三日把他們團團包圍起來，下令開槍射殺，這時候哀聲遍野無一倖存，死屍當然是集體埋在壕內，據說全村不分老幼盡在這殘忍的掃射下剿滅，日人深秘此事，被慘殺的數字雖然無從知悉，據估計至少有數千人。後來臺人每談起這件慘案，莫不咬牙切齒，西來庵事件也稱噍吧哖慘史，原因在此。（註一三）

余清芳自噍吧哖突圍之後，就率領二百多親信同志，一路爬山涉水在四社寮溪畔和江定會合。這時候余清芳登高遠望，眼看日軍包圍過來，於是他對全體同志說：「現在日軍向我們包圍，而我們和江定一共只不過三百多人，實無法抵抗。我現在宣布解散部隊，各奔前程

圖十九　義士慷慨走刑場

，以免被日軍發現用大砲轟擊。」余清芳和革命軍志士揮淚分別後，還剩下誓言同生同死的同志十一名不肯分離，他們一行在十五日越過臺南和阿緱廳界，十九日在到達二會林坪時被日軍發現。二十一日被日軍跟蹤到曾文溪，日警仍不敢冒險逮捕，就派當地人向余清芳大獻殷情，假意替他們瞞著日軍，就騙他們把槍械子彈全藏起來，結果一行八人全部被捕。（註一四）就此失去了自由，任由日人宰割。

余氏等被捕到後，日警即處心積慮捉拿江定，江與余氏在四社寮灑淚揮別之後，即率領二百餘人，退入阿緱廳及臺南廳轄內的深山，據險不屈。這地方廣袤百里，日當局無法找出他們的蹤跡，不得已改變方式，運用地方人士入山勸誘他們出來投降；可是江定不相信日人有此誠意，懷疑那可能是一種騙局，想萬一到了絕路時，與其出而受辱，不如自殺了之。民國五年四月十六日，江定接見日當局授意的已投降的舊日股肱石覺和同行的張阿賽等人，經他們的慫恿和誓死保證，況且眼見大勢已去，這才動心，決意下山投降。五月一日，留在山中的革命黨人全部被誘出下山自首，其數共有二百七十名。（註一五）

余清芳等志士被捕後，日本「臺灣安東總督」，遂下令在臺南開設臨時法院，仍依照苗栗事件（羅福星烈士領導抗日事件）所使用之「匪徒刑罰令」處置，八月二十五日開始審判，至十月三十日審判終結。根據當時「臺灣總督府」法院檢查官日人上內恒之部所著之臺灣刑事司法政策論指出：「被判決的有一千六百餘人，其中處死刑者超過八百人」，為世界審判史上前所未有。（註一六）由此，可知日本人之殘酷，殺人如麻，這一筆血債，使我中華兒女永不會忘記。西來庵抗日事件，歷經一年八個月，自民國三年十二月，余清芳、羅俊二位首領會晤後，江定後來亦加入抗日行列，至民國五年一月江定犧牲生命止。此一抗日件範圍最廣，戰鬥之激烈，犧牲的壯士最多，為臺灣抗日史上前所未有。除了抗日志士作戰犧牲千餘人外，而善良百姓牽連而遭受殺害者，亦有數千人之鉅。另外我臺胞之財產之損失及房屋焚燬，其價值也難估計。日本在此事件中，也付出了相當代價，死傷的也有數百人，此一事件給殘暴的日本統治者當頭一棒。讓日人知道我中華兒女不可欺。而對我廣大受害的志士

圖二十　日軍設在台南的噍吧哖支廳

及同胞來說，他們的犧牲是有代價的，不但激起了我臺胞的愛國心，更增加了民族的意識及抗日的信念。大家深深的體會到，在異族統治所遭受的痛苦和悲慘，只有驅逐日寇，重回祖國懷抱，才能得到安樂和幸福的生活。

西來庵事件余清方等志士被日判刑人數：

日臺灣總督府自民國四年五月，開始檢舉本案的革命黨員，鑑及本案的重大性，即以府令第五〇號，在臺南開設臨時法院，派高田富藏、藤井乾助、渡邊啟大、大內信、宇野庄吉等五人爲臨時法院判官，手嶋兵次郎、土屋達太郎、早川彌三郎、松井榮堯、筒井清涼等五人爲檢查官，準備適用「匪徒刑罰令」，來處罰革命黨人，到了八月二十二日余清芳等人被捕，即迅速地於八月二十五日開始公判，至十月三十日草草地宣布全案審理終結，被告共達一千九百五十七名，宣判的結果：死刑八百六十六名，有期刑四百五十三名，行政處分及不起訴共五百四十四名，無罪八十六名，其他八名，詳列如左表：

處分區別	
移付審判	一、四一三
死刑	八六六
徒刑十五年	一八
徒刑十二年	六三
徒刑九年	三七二
無罪	八六
非屬本管轄區	一
死亡	七
計	一、四一三

圖二十一　立於玉井虎頭山余清芳的紀念碑

嗣後，日本國內的輿論及日本國會對臺灣當局處理本案的辦法及量刑頗多議論，認爲顯然失當，慘殺過甚，臺灣總督安東貞美於是藉大正皇帝登基，在是年十一月所頒佈的大赦令下，宣佈減刑。可是前被判的死刑者中，已有九十五名執行竣事，因此剩下來的七百三十一名便得減輕爲無期徒刑，其餘的也各得減刑一等。（註一七）

西來庵事件江定等志士被日人判刑人數：

大正四年，在臺南地方法院開庭，宇野庄吉為裁判長，松井榮堯檢查官長立會，對江定等五十一名開始審判。到了七月二日結審宣判：江定等三十七名死刑，他們是於九月十三日在臺南監獄絞首臺執行。這以外判徒刑十五年者十二名，判徒刑九年者二名。

【附　註】

註　一　臺灣省通志，卷九革命志抗日篇（全一冊），臺灣省文獻委員會出版，民國六十年六月三十日，頁四五。

註　二　余清芳抗日革命案全檔（第一輯、第一冊），臺灣省文獻委員會印行，國六十三年六月出版，頁五。

註　三　同註一。

註　四　同前註。

註　五　同註二，頁七。

註　六　同註一，頁四六。

註　七　同註二，頁六。

註　八　臺灣史蹟研究會編：臺灣叢談，幼獅文化事業公司印行，民國六十七年十月再版。

註　九　王詩琅編，日本殖民地體制下的臺灣，衆文圖書公司印行，民國六十九年十二月初版，頁一二六—一二七。

註一〇　臺灣抗日忠烈錄（第一輯）臺灣省文獻委員會編印，民國五十四年十月出版，頁一九—二〇。

註一一　蔣子駿著，羅福星與臺灣抗日革命運動之研究，黃埔出版社，民國七十年十二月出版，頁一八六。

註一二　同註八，頁四八〇。

註一三　同註二，頁一八七。

註一四　同註九，頁一四一。

註一五　同註一三。

註一六　同前註，頁二四。

註一七　同前註，頁三二。

第七章　國民革命與臺灣光復

第一節　光復台灣之艱苦歷程

遠在明朝萬曆十年（西元一五八二年），日本出了一個軍閥豐臣秀吉，他以武力征服日本全國六十六州後，即妄想征服世界，他曾言：「征服高麗為征服中國的前奏；征服中國為征服亞洲及統治世界的前奏」。他這一軍國主義思想，後來乃成為日本對華侵略的一貫政策。自一八七四年日本明治維新後，國勢日強，承受了西方海權思想而演變向太平洋發展的南進政策（海洋政策）和向中國大陸進軍的北進政策（大陸政策）雙管齊下。清同治十三年（西元一八七四年）五月七日，西鄉從道因牡丹事件向台灣侵犯，後來清廷對此事件處理不當，而向日本賠償撫卹難民銀十萬兩，又賠償在台修道建屋費等四十萬兩，雙方達成協議，俟清廷付款後，日本才撤兵。（註一）

光緒二十年（西元一八九四年），朝鮮因東學黨之亂，邀請中、日出兵平亂，約定雙方平亂後撤兵，可是日本對朝鮮有野心，不肯撤兵，而引起中、日嚴重交涉，導致雙方衝突，後來發生了中、日甲午之戰，清廷無能，敗給日本，除開埠通商並賠償日本戰費二萬萬兩，另失去了朝鮮的宗主權並割讓臺灣、澎湖給日本。中國爲堂堂大國，竟敗給蕞爾日本，因此中國在國際的地位一落千丈，完全失去了大國豐采。

自甲午戰後，日本對華的侵略，變本加利。　國父痛國勢日加危殆，認爲非實行革命無法自救自強。於是就在甲午之戰這一年在檀香山成立興中會，其目的在恢復中華，收復失土。同時在臺灣也成立興中會及同盟會臺灣分會，策動臺籍志士參加革命，同時臺灣的志士仁人，也無時不在爲臺灣的光復而奮鬥，如臺北富室林薇閣及蔡法平等，均熱心贊助，林薇閣曾一次捐助日幣三千元，交同盟會第十四支部長林文（時爽）所派來臺代表陳興桀與王孝總，作爲黨人旅費及購械之需（註二）至於親往廣州參加三二九之役的同志，有羅福星、許贊元等人，後來抗戰暴發，潛回祖國參加抗戰之青年，爲數不少，如翁俊明、丘念臺、謝東閔等。光復臺灣，收復失土，爲臺灣同胞及全國人民共同的期望。

民國十四年三月十二日，　國父逝世，先總統　蔣公繼承革命大業，終生均爲此目標而奮鬥。自民國成立以至抗戰前夕，先後遭受日本軍閥脅迫和侵略，有瓜分、有獨占，有蠶食、有鯨吞等不同的方法在進行。如民國三年藉口對德宣戰，侵略青島，占領膠濟鐵路，四年又向袁世凱提出二十一條無理要求，企圖滅亡中國。十六年日本又插足南京事件，十七年的濟南慘案，二十年的九一八事變，二十一年的一二八事變，二十二年的長城口戰役及二十六年的盧溝橋事變。先有僞「滿州國」的出現，後有「華北特殊化」的要求。日本軍閥之野心，無不欲陷我於萬劫不復之地。

在此種惡劣情形下，蔣公對外抱著忍辱負重；對內號召國人，明恥教戰。至民國二十六年七月七日盧溝橋發生事變，此時孰可忍孰不可忍，蔣公確認，「最後關頭」已到，便立即電令華北駐軍就地抵抗，並在廬山發表演說：「戰爭一起，則地無分東南西北，人無分男女老幼，均應抱定爲國奮鬥之決心，與敵作殊死戰。如有中途妥協，與喪失尺寸土地者，即爲中華民族歷史之罪人。軍人守土有責雖戰一兵一鎗，亦必與敵抗戰到底。」（註三）全面抗戰的序幕於是揭開。

先總統　蔣公領導抗戰，除了雪恥復國，乃以光復臺灣爲其最大目標。　蔣公在手著「中國之命運」一書指出：「以國防的需要而論，完整的山河系統如有一個區域受異族佔據，則全民族全國家即失其自衛天然的屏障，江淮河漢之間，無一處不是可以作鞏固的邊防。所以琉球、臺灣、澎湖、東北四省、內外蒙古、新疆、西藏，無處不是保衛民族生存的要塞，這些地方的割裂，即爲中國國防的撤除」。（註四）

圖二二　中國戰區臺灣省受降典禮會場

在抗戰期間，除了國軍在各地英勇抵抗日本外，政府並扶助原在大陸倡導反日的臺灣志士，組織了「臺灣義勇隊」在國民政府軍事委員會贊助下，積極參加抗日行列。後來在重慶又成立「臺灣革命同盟會」他們均以行動參與抗戰。顯示了臺灣同胞效忠祖國之赤忱（註五）。共同與祖國同胞抗戰，爲完成光復國土，收復臺灣而奮鬥。

三十二年十一月， 蔣公在埃及開羅與美國總統羅斯福、英國首相邱吉爾舉行高峯會議，同時簽三國首領宣言其要點：「三國聲明，將盡一切的力量以打擊其殘暴之敵人，必達到日本無條件投降而已。剝奪一九一四年（民國三年）以前日本所

圖二三　日本駐臺總督安藤利吉簽署降書

佔得之太平洋島嶼。所有日本竊奪之土地，如滿州、臺灣、澎湖，均應歸中華民國。並應使朝鮮在相當期間內享得自由與獨立。」（註六）於是「恢復臺灣的革命主張」，已獲得國際上的共同承諾。

三十四年八月十四日，日本在盟軍不斷的攻擊及轟炸下，無法抵抗，於是宣布無條件投降，我八年浴血抗戰，終於獲得最後勝利。九月九日，何應欽總司令代表政府在南京主持中國戰區日軍受降簽字典禮，日軍在華最高指揮官岡村寧次代表日方簽字，臺灣、越南兩地日軍亦皆派參謀長參加日本投降典禮。關於臺灣之受降，因交通運輸的影響，遲至十月二十五日始在台北市公會堂（後正名中山堂）舉行，由臺灣省行政長官兼警備總司令陳儀接受，臺灣總督兼第十方面軍司令長官安藤利吉投降簽署了臺灣版圖歸還中華民國，從此淪陷了五十年又一百五十六天之臺灣，重歸祖國懷抱。全省同胞無不歡欣慶賀，在　蔣公領導八年抗戰犧牲奮鬥，終將使臺灣光復，不但符合了臺灣同胞之願望，也完成　國父光復臺灣之遺志。

【附　註】

註　一　鍾孝上編著：臺灣先民奮鬥史，大華晚報出版，民國七十四年三月四版，頁二三〇。

註　二　中華民國開國五十年文獻，第一篇第十四冊，頁一〇三。

註　三　「蔣總統言論彙編」卷十三，頁一—四。

註　四　蔣中正著：中國之命運，黎明文化事業股份有限公司印行，民國六十五年五月版，頁六。

註　五　陳三井著：國民革命與臺灣，近代中國出版社出版，中國六十九年十月初版，頁一六五。

註　六　「中日外交史料叢編」頁一—二。

第二節　政府在臺重建革命大業

中華民國三十四年十月二十五日，沉淪於日人之手五十年又一百五十六日的臺灣，終於在八年苦戰之餘，光榮勝利之後，一舉而光復，重歸祖國版圖，這是我國近百年史的一大盛事。今天這一天實在是我們全國同胞最珍貴的一天，尤其是臺省同胞最光榮的一天。大家要知道，光復台灣是一件極艱難的重大收穫。自從我們　國父倡導革命以後，爲了臺灣的同胞和土地，我們就與日本帝國主義無時無刻有形無形在長期過程中，不斷的作著激烈而慘重的鬥爭，這次抗戰，全國同胞又復經受多少直接間接的犧牲，不知道流了多少熱血，斷送同胞多少頭顱，才使這淪陷五十一年的臺灣，重返祖國的懷抱。（註一）

三十五年九月三十日，臺灣省各界組織致敬代表團，專赴南京向國民政府　蔣主席感謝領導抗戰光復臺灣之盛業大德，當由丘代表念臺宣讀頌詞，林代表獻堂呈獻「國族干城」錦旗，並獻金慰勞陣亡將士家屬。然後參謁中山陵，並飛赴西安拜祭黃陵（註二）。

同年十月二十一日，　蔣公偕夫人由南京乘專機飛臨臺灣巡視，駐節台北市郊之草山（後正名爲陽明山）賓館，受到全省同胞空前盛大的熱烈歡迎。二十五日臺灣光復一週年紀念，於中山堂舉行， 蔣公與夫人親臨參加，當 蔣公自陽明山進入台北市區之際，自中山橋至中山堂廣場，民衆擁立行道兩側，高聲歡呼。 蔣公與夫人進入會場，掌聲隨之雷動，歷久不絕。 蔣公即席致詞：「今天欣逢臺灣光復週年紀念，中正特來參加這次慶祝大會，與我相別五十年的臺省同胞相聚一堂，共同慶祝臺灣的光復，使我五十年的宿志，得如願以償，實在是我平生感到最愉快最光榮的一天。……光復臺灣是一件極艱難而且得之不易的重大收穫，深望全省同胞記取全國及臺灣革命先烈慷慨犧牲恢復不易的史實，今後更應該刻苦努力，團結合作擴展先烈愛國革命的精神與毅力，同心一德來建設臺灣，建設三民主義的新中國。」（註三）

隨後，臺灣省參議會黃朝琴議長代表全省同胞，宣讀致敬詞略云：「大家都知道，有了 蔣主席領導艱苦的長期抗戰，我們中國才得到復興，而本省得到光復的今日，實由 蔣主席和夫人三年前在開羅會議中折衝樽俎，才奠定了這個新局勢，現在臺灣光復已告一週年了，國土重光，金甌無缺，而又欣逢我們偉大 領袖和夫人惠然降臨，眞是慶上加慶……我們敬謹誓言，願在 蔣主席領導之下，努力建國工作，以臺灣一切人力物力，貢獻給祖國，使臺灣人民個個成爲建國有力的一員，使臺灣成爲建國有力的一省，這樣才能報答我偉大 領袖的功德，和報答我們的國家民族。」

臺灣光復，舉國同慶，尤其臺灣同胞更是歡欣鼓舞大慶而特慶此一永遠不可忘懷此一大好日子。過去臺胞在日本帝國主義統治下，遭受各種虐待，在政治上的表現爲專制和歧視，在經濟上的表現爲壟斷和榨取，在教育上的表現爲差別和奴化。現在臺灣光復了，一切都成了過去，可以過著自由自在的生活。先總統　蔣公領導抗戰，不但廢除不平等條約，而且又收復了失土，擺脫帝國主義近百年對我國的壓迫，現在是我中華民族揚眉吐氣的時候，當然值得我們驕傲和慶賀。

抗戰勝利，國家元氣未復，中共乘機在大陸各地滲透蔓延，製造變亂，唯有臺灣尚能保持一塊乾淨土地，總統　蔣公三十五年十月首度來臺巡視，在　蔣公心目中認爲臺灣尚未被共產份子滲透，今後應加強建設，使之成爲一個模範省。尤以三十七年冬，共軍猖獗，徐蚌會戰失利，京滬受其威脅日甚一日，　蔣公爲挽救危局，以策將來國家之命運，乃於三十七年十二月二十九日發布陳誠先生爲臺灣省主席，蔣經國先生爲臺灣省黨部主任委員。（註四）此其間　蔣公曾多次致電指示治理臺灣省政方針，略允：「今後治臺方針㈠引用臺灣學識較優，資望素孚之人士參加省政。㈡特別培養與組訓臺灣有爲青年。㈢收攬人士安定地方。……………。」

民國三十八年，大陸局勢逆轉，國民政府播遷來臺，中央民意代表、國民大會代表、立

圖二四　總統復行視事，播告全國軍民同胞

法委員、監察委員及其他軍政機關及民意機構人士相繼來臺，是年十二月九日中央政府正式遷臺北辦公，當時臺灣省政府正舉行三十九年度行政會議，省參議會議長黃朝琴特在會中表示：「臺省民衆一向擁護中央，當一致歡迎中央政府來臺。」參加行政會議之各縣市參議會正副議長及農工商各界代表四百餘人亦熱烈表示歡迎。其他民意機關團體亦紛電表示擁護政府遷臺。從此中華民國的國運，在存亡絕續關頭，以臺灣爲復興基地，重露新機。蔣　公高瞻遠矚，選擇臺灣爲復興基地，可謂是關係著國家民族旋乾轉坤的重大契機，由黑暗走向光明的象徵。

此時代總統李宗仁藉故走美未歸，中

樞無主，全國各界紛紛敦請　蔣公復職，以挽危局。洎民國三十九年三月一日，　蔣公順應輿論及民意，乃在臺北復行視事，繼續行使總統職權，領導全國軍民從事反共復國的神聖任務。四十年初，總統　蔣公宣示了救亡圖存的五大方針及提出五項辦法與三大要目，作爲黨的努力和政府施政的準繩，其中五大方針方就是㈠穩定經濟，㈡整飾軍紀，㈢安定社會，㈣團結內部，㈤建立民主制度。五種辦法就是㈠保持幣信，充實準備，㈡貫徹命令，剷除浮濫，㈢保密防奸，肅清匪諜，㈣打破派系，集中意志，㈤養成守法精神，實行地方自治。三大要目；第一是建立制度。建立制度的著眼點，就是不論是黨務、政治、軍事、經濟、教育、社會，任何方面，都要有健全的制度，就是一切制度化，使人人的工作，都順著一定的軌道，對反共復國建國的事業有所貢獻。第二是注重組織，注重組織的著眼點，就是每一個人都納入組織，使其各盡所能，各本所長，各負其應有的責任，消極的抗禦匪僞滲透，積極樹立國家動員的初基。第三是改造風氣。改造風氣的著眼點，就是袪除失敗主義，和依賴主義的心理，打破無紀律，無國家，無政府的狀態，而當前最爲切要的，尤其是糾正奢侈浪費的頹風，養成合作互助的習慣。（註五）三十八年，整個的局勢在風雨飄搖及動盪不安中，由於　蔣公在臺樹立起反共的旗幟，建立了反共復國基地，而使局勢轉危爲安，風兩生信心，全國上下在總統　蔣公英明的領導之下，方使中華民族孕育出新的生機，革命露出了曙光，已帶著我們走上中興復國的大道。

【附　註】

註　一　何應欽著：八年抗戰與臺灣光復，臺灣彩色製版印刷服務中心印行，民國五十九年十月十日四版，頁一五二。

註　二　陳三井著：國民革命與臺灣，近代中國出版社出版，民國六十九年十月初版，頁一六五。

註　三　同註一，頁一五一。

註　四　同註二，頁一六〇。

註　五　中央日報，民國七十一年四月五日，第十四版。

第三節　臺灣建設的成就

政府遷臺後，根據三民主義民生主義的原則，合理推行土地改革政策；爲保障佃農權益，首先實施三七五減租，依次辦理地籍總歸戶、公地放領；進而實行限田政策及都市平均地權。政府爲實現三民主義的土地政策，完成土地改革的理想；於四十年六月公布「耕地三七五減租條例」，四十二年一月又公布「實施耕者有其田條例」，四十三年八月再公布「實施都市平均地權條例」。四十四年六月臺灣省政府擬定「臺灣省實施耕者有其田保護自耕農辦法」，八月由政府公布實行。四十八年八月起，更實施農地市地重劃。這一連串民生主義土地政策的實施，不但改善了農民生活，增加了農業生產，而且使土地資金轉向工業，使臺灣經濟建設突飛猛進，逐步邁向現代工業化的境地。

四十二年一月，政府開始推行四年經濟建設計劃，分農業工業兩大部份，均以增加生產，平衡社會財富、改善人民生活爲目標。在工業方面發展過程可分爲四個階段；在四十一年以前爲復舊階段；自四十二年至四十六年爲保護階段；自四十七年至五十七年爲發展階段；自五十八年起爲開放階段。工業和礦業在　蔣公指示「獎勵生產，充實反攻戰力」目標下，煉油、肥料、鹽碱、紡織、水泥、造紙、鋼鐵、機械、造船、塑膠等工業都有長足的進步的發展，而且大量外銷。由於貿易出超及銀行國外資金亦隨著不斷的增加，財政上呈現小康局面，顯見臺灣經濟發展之迅速。

農業方面在於「以農業培養工業以工業發展農業」實施生產技術改進，革新農業制度，開發水利資源，增加肥料供應，加強病蟲害防治；以及農作物品種的改良，山坡水土保持，農業運銷等措施，以促進農村經濟之繁榮。此外並擴建及改善水利工程；在防洪方面除整修已有之堤防防護岸外，並興建蘭陽溪、北港、高屏等地區防洪工程多處。水庫工程方面；有阿公店、石門、白河、明德水庫等多目標之水庫。以及西河、鹽水埤……尖山埤水庫等灌溉單目標水庫。另有谷關、天輪、霧社水庫等發電單目標水庫。而後繼續完成曾文溪，下達見及達見水庫，不但減少洪水災害，充實灌溉給水，而且增加電力供應，並使農業大量生產。不但農村經濟發展、農民生活普遍獲得改善，而且使臺灣的農產品大量外銷。以增加國庫收入。

民國六十一年五月，總統　蔣公提名蔣經國先生組閣。蔣院長除釐定第六期四年經濟發展計劃外，並提十項建設㈠南北高速公路，㈡桃園國際機場，㈢台中港的開建，㈣鐵路電氣化，㈤核能發電廠，㈥高雄大造船廠，㈦建立大鋼廠，㈧石油化學工業，㈨北迴鐵路，㈩擴建蘇澳港。政府推動十項建設，其使用財力之大，物力之多、人力之衆，地區之廣，爲臺灣擴建省以來所未有。這十大建設，不僅關乎於國家前途，同時對社會民生，亦將獲致長期的福祉。所以當時蔣院長說：「十項工程建設，不只是政府的建設，而是國家建設，全民建設，……穩健我們的經濟發展，爲增進全民財富與厚植國力開闢坦途」。

十項工程建設先後完成，已提昇了我們的經濟發展，也提高我國國民所得。更改善了人民的生活品質。政府並不以十項建設完成爲滿足。於六十六年十項建設將次第完成時，再提出十二項建設。當時行政院俞國華院長於七十三年九月在立法院作施政報告，再提出十四項重點建設計劃，是從十項和十二項建設之後，再度爲國家植下深厚根基的大建設（註一）。政府大力推行各項建設，主要的是厚植國家經濟基礎，作爲反攻復國之準備。

臺灣的國民教育，在日據時期最高紀錄，是就學兒童佔學齡兒童百分之七十一。而光復後的比率增進到百分之九十七。這種國民教育普及的成度，在亞洲國家中可說是首屈一指。各級中學和大專學校，爲適應升學需要，不斷增加班次擴充設備，增設學校，以容納學生就學。自五十七年開始，遵照　蔣公的指示，實施九年國民義務教育，爲我國學制的重大改革，也是教育史上的創舉；不但提高了國民知識水準，也增強了復國建國的潛力。在中等教育方面；特別重視師範及職業教育，提倡建教合作及技藝訓練。高等教育方面；以研究高深學術，培養專門人才爲宗旨。更著重夜間部之推廣，以增社會青年之知識技能。至於社會教育之推行，僑生回國升學輔導，以及共區來臺青年之教育等，均有超越之成就（註二）。從七十七年起，全省師專一律改爲師院，更提升了師資水準，未來我國之教育，更爲落實。在我國教育史上，可以預見的，會創造出史無前例的成就。

在社會福利措施方面，政府依據民生主義理想加強社會福利措施。尤其是實施都市平均地權地價稅增加的收益，全部用來貫徹此一措施。五十四年爲此特定實施方針，包括七大項目：社會保險、國民就業、社會救助、國民住宅、福利服務、社會教育及社區發展。先後成立省縣社會福利基金；決定以「根除貧窮」爲目標，先就貧民區環境之整頓及貧民生活之救助與改善，規劃分區設置醫療所及在臺北興建貧民住宅。此外爲建立社會安全制度，舉辦公教保險、勞工保險、漁民保險，及實施工礦檢查制度。爲確保地方治安，建立民防，改進戶籍行政，修訂出入境管理辦法。例如都市之建設，畜牧、林業、漁業之發展，衛生保健之推廣，善良風俗之培養，山胞生活之改善，大衆傳播事業之管理與輔導，大陸災胞之救濟等，均有極大的績效（註三）。同時政自七十五年試辦農民保險，預計九十年代實施全民保險，屆時我國與歐美先進國家就可媲美了。

方今大陸中共仍持四項基本原則，抱著馬列的僵屍不放，搞四化運動無起色，使大陸上的人民大失所望。因此大陸上的人民提出問號？同樣的，國民黨在臺灣，共產黨在大陸統治四十多年，爲甚麼臺灣是那麼進步，大陸會這麼落後。不但是人爲的問題，而且是主義的問題，三民主義優於共產主義，所以臺灣實行三民主義，才會進步，大陸實行共產主義，才會落後。民心所向，大陸的同胞紛紛要求放棄共產主義，廢除共產暴政，他們發出：「政治學台北」「經濟學臺灣」呼聲。他們深知共產主義不能救中國，唯有三民主義才能救中國，當前政府在臺灣的各項建設成就，已成為大陸同胞之希望所在。他們痛恨共產主義的罪惡和暴行。他們嚮往三民主義之仁道精神，中國人的希望在臺灣，以臺灣建設的典範，去建設大陸，才能解決中國人的問題。

【附　註】

註　一　臺灣經濟發展的經驗與模式，臺灣省政府新聞處編印，頁三九。

註　二　中國現代革命史，國防部總政治作戰部印，民國六十六年十二月，頁二三〇。

註　三　同前註，頁二三一。

第八章　結　論

臺灣與國民革命運動，自始即是息息相關，從無間斷過。在　國父倡導國民革命之前，臺灣雖然也有不少次的抗日活動，但是突發的、孤立的、零星的，與祖國沒有發生什麼聯繫。等到　國父倡導國民革命之後，臺灣的革命力量，才和祖國的力量遙相呼應，成爲同一個運動了。因爲國民革命的主要目標，在求得全中國之自由平等，同時恢復失土，當然也在求得臺灣的光復及自由平等。（註一）

國民革命運動，不消說是以　國父爲創造者，而以總統　蔣公爲繼承領導者的一種全民族爭生存爭自由的偉大運動。在這個運動裡面，不知有多少悲壯慷慨的場面，熱烈生動的鏡頭，光明與黑暗的鬥爭，正義與邪惡的搏擊，進步與保守的衝突，自由和奴役的爭奪；而且這一部輝煌的運動史，且還在發展中，臺灣正荷負著完成國民革命的重責大任。

國民革命運動發軔於甲午年（西元一八九四年）興中會創立以後，即中日戰爭已決定勝敗的一年，其原因是當時滿清專制弱點的暴露，政治上愚昧無能，貪污腐化，事實上武備廢弛，而毫無安內攘外的力量。文化思想上是抱殘守缺，故步自封，不肯接受西方科學，所以招致鴉片戰爭，英法聯軍戰爭，中法戰爭、中日戰爭，一連串的喪權辱國敗陣。國父的革命思想，就是受此刺激而發生並且因此而堅定革命，如他自己所講述：「予自乙酉中法戰敗之年，始決傾覆清廷，創造民國之志……」可以說傾覆清廷，是　國父最初的革命動機。而臺灣方面，對於推翻滿清，早在順治年間，鄭成功不懼清兵強大，一意光復明室，親自率兵反攻溫州、台州、瓜州，並震撼南京等地，後來不幸被清將梁化鳳所敗，仍以臺灣為根據地，廣招明朝遺臣義民，一直至其子鄭經時代仍未忘反攻，現代本省同胞一部分是當時義民後代，所以也可說是具有先天性的民族革命精神，對於　國父國民革命運動的偉大的號召，自極容易接受。（註二）

大家都知道，國民革命的歷史，先由　國父領導，　國父逝世後，再由總統　蔣公繼承。無論是　國父領導或　蔣公繼承，可以說都與臺灣有密切不可分的關係。

先談早期　國父領導革命。是在民國紀元前十七年（西元一八九五年）九月九日。　國父在檀香山創立興中會後，也就是中日簽訂馬關條約後的第一百六十一天，革命黨在廣州開始起義，雖然不幸失敗。但這次起義卻成了清朝滅亡與中華民國誕生的前奏，這次起義也可以說是清廷將臺灣割讓給日本而催生的。　國父在籌備起義前先到了廣州，以藉振興農務為名，創設農學會做秘密軍事起義機關，他在「農學會緣起」中，特別說明：「我國衰敗，至今已甚，用兵未及經年，全軍幾至覆沒，喪師賠款，蒙恥啟羞，割地求和，損威失體，外洋傳播，編爲美談之資。」（註三）從以上所談，就可知道 國父對於清廷戰敗割地的痛苦心情，嗣後決心革命，推翻滿清，建立富強的中國，收復失土湔雪前恥。而廣州之役是國民革命之第一次起義，就和臺灣有密切不可分的關係。

民國紀元前十二年（西元一九〇〇年）八月十四日，第二次起義，這次起義在惠州，也和臺灣有密切關係。 國父親自來臺，計畫在臺灣以軍事行動接應惠州起義，當時臺灣日本總督兒玉源太郎同情我們革命，允許 國父在臺活動。不幸後來日本內閣改組，新任首相伊藤博文組閣，在他外交政策上一百八十度的轉變，對於中國革命運動禁止給予任何援助。（註四）於是 國父在臺支援惠州起義的計畫，完全失敗，使惠州起義的革命行動大受影響，而功虧一簣。這次起義， 國父親自來臺策畫，當然也與臺灣發生密切的關係。

民國紀元前六年（西元一九〇七年）起，革命黨在 國父領導下，先後發動七次起義，雖都失敗，但革命的號角，喚醒了民族魂，認識了滿清政府的腐敗及帝國主義侵略的野心，培育革命種子，繼續號召革命黨人英勇起義，終於在黃花岡之役不久，武昌起義，一舉成功，推翻滿清，政府建立了中華民國。民國建立，給臺灣同胞帶來精神鼓舞，於是在臺灣各地掀起抗日高潮，這些都受祖國革命的影響，而發生的密切關係。

民國成立後，軍閥勢力仍未消滅，　國父領導同志，繼續奮鬥，尤其對於光復臺灣一事念念不忘。民國二年十月下旬，　國父討伐袁世凱失敗，第二次來臺灣，在臺北御成町（現在的中山北路）梅屋敷旅舍（現在改成了　國父史蹟館）住了一個月。這一次　國父在臺期間，曾經遊歷赤崁樓、吳鳳廟、日月潭等名勝，並且跟在臺的黨員見面。後來對發展臺灣黨務有很大貢獻的翁俊明黨員，曾在這時候向　國父親謁見請示。

這次　國父來臺，正當革命黨員羅福星在臺發動抗日革命失敗，臺灣總督怕臺胞受到國父革命思想的影響，對他的統治不利，就派便衣監視，因此　國父和在臺的革命志士，都不能有所作爲。

民國七年（西元一九一八年），　國父從汕頭到臺灣船停泊在基隆港，日本駐臺總督對國父仍舊採取監視態度，並且不許　國父上岸，　國父就坐原船去日本。（註五）從以上國父多次來臺，就可知道　國父關心臺灣，並未忘記臺灣。

民國元年十月羅福星奉命來臺（羅氏曾參加同盟會）密訪同學舊友，羅氏曾在臺灣割讓日本後讀過書，因不滿日本嚴苛統治，返回故里廣東，這次奉命來臺，在臺北、苗栗組織同盟會革命黨（註六）密募同志，從事領導抗日及光復臺灣運動，後來雖然失敗，但在臺後繼抗日事件，層出不窮，對日本打擊很大。民國十四年三月，　國父在北京病中曾言：「革命尚未成功，同志仍須努力」，甚至　國父在病重彌留的時候，還說：「和平、奮鬥、救中國」。　國父一生爲國革命，讓同志繼須努力，不難明白，除了掃除軍閥、廢除不平等條約，就是收復失土。期望同志繼續努力，早日完成國民革命，收復故有失土，當然包括臺灣在內。有關和平、奮鬥、救中國，　國父希望減少戰爭降低傷害，而達到救中國的目的。　國父有仁慈之心而希望軍閥放棄戰爭，共同爲救中國而奮鬥。

民國十四年三月十二日，　國父在北京逝世後，總統　蔣公繼承了　國父的遺志，繼續領導國民革命，同時也繼承了　國父光復臺灣的遺志。總統　蔣公領導國民革命軍完成東征北伐，給臺灣同胞帶來希望，也給國人帶來光復臺灣的信心。民國二十七年四月一日，他在中國國民黨臨時人王國代表大會中曾經明白宣布：「臺灣是我們中國的領土，在地勢上乃是我們中國安危存亡所關的生命線，中國要講究眞正的國防，要維護東南亞永久的和平，絕不能讓臺灣永久統治在日本帝國主義手中，爲要達成我們的國民革命，遏止野心國家擾亂東南亞企圖，必須針對著日本帝國主義積極的陰謀，以解救臺灣人民爲我之職志，這是　總理生前所常對我個人以及一般同志所訓示的。　總理的意思，就是我們必須使臺灣的同胞在政治，經濟上能夠恢復國家主人翁的地位，才能鞏固中華民國的國防，奠定東南亞和平的基礎。

」（註七）針對這個目標，總統　蔣公領導全國軍民抗戰，抵抗日本帝國主義，嗣後結合反侵略盟邦，共同爲維護正義及世界和平而奮鬥。民國三十二年，總統　蔣公被邀參加開羅會議，中、美、英共同聲明，日本過去侵佔我國的土地在戰後歸還我國。總統　蔣公曾說：「我們以全國人民的決心和毅力，忍受著無數生命財產的損失和犧牲，對暴日進行堅忍英勇的抗戰。到了民國三十二年，我親赴開羅會議與英、美領袖舉行三國會議，決定日本歷由中國所奪取之土地，如臺灣、澎湖群島及東北四省歸還中國。至此我們失去五十年的臺灣已經確定了是我們中國的一部分。去年八月十四日，日本軍事總崩潰，宣布無條件的向我們聯合國投降，我們即按預定計畫進行收復失土的工作。並得我們的盟友美國熱心的協助，使一切復員工作都順利完成，而淪陷五十年的臺灣省也就正式歸隸我們的版圖了。」（註八）

臺灣是中華民國的領土，臺灣同胞都是炎黃子孫，他們都是來自大陸各省，臺灣與大陸同胞的關係，無論是歷史、文化及風俗習慣都是息息相關。可以說是如手如足，血肉相連，有大陸就有臺灣，有臺灣大陸才有保障。因此臺灣與大陸的關係永遠是分不開的。臺灣的開發與成長，都是我中華民族早期來臺的先民艱苦經營的結果，這是任何人都不能否認的歷史事實。甲午戰敗，滿清和日本簽訂馬關條，將臺灣割讓日本。從那天起，祖國的同胞永遠都懷念著臺灣這塊領土和生長在這塊領土上的同胞。同時大陸上的志士仁人莫不以光復臺灣爲職志；同樣的生長在臺灣的革命志士，響應祖國革命，也都以至大至剛及不屈不撓的發揮革命的精神，秉民族之正氣，前仆後繼，不斷地在反抗日寇統治，先有丘逢甲和劉永福等志士的義舉，後有羅福星和余清芳等烈士的犧牲，這些志士的仁人在我中華民族反抗異族侵略史上，都留下了光輝燦爛的一頁，其功勳彪炳永垂不朽。

國民革命還有一段很長的路要走，民國三十八年（西元一九四九年），大陸則共局勢逆轉，國民政府播遷來臺，臺灣成為國民革命重要基地，經過四十多年來的建設，臺灣進步與繁榮已成為大陸同胞所嚮往。並深受國際人士推崇。臺灣今天政治民主、經濟自由、社會多元化。從國民革命的歷史發展的事實來看，中國需要統一，共產主義在大陸上經營四十多年澈底破產，遭受所有中國人的厭惡唾棄，並因此為了加速完成中國眞正的統一，就必須推廣「臺灣經驗」使臺海兩岸的中國人，共同走向民主、自由、均富的統一中國。臺灣在未來國民革命統一中國成為重要的角色，希望所有的中國人共同努力，促其早日實現。國民革命統一大業。

【附　註】

註　一　謝東閔等合著：國民革命運動與臺灣，中央文物供應社印行，民國六十九年五月五日出版，頁二三五。

註　二　同前註，頁九三—九四。

註　三　國父全集，中國國民黨中央委員會，黨史委員會編訂，民國六十六年元月出版，第三冊「擬立農學會徵求同志書」頁一二。

註　四　蔣總統秘錄—中日關係八十年之證言，中央日報譯印，民國六十四年三月二十九日初版，第二冊，頁一四六。

註　五　中國國民黨中央委員會，黨史史料編纂委員會編，中國國民黨與臺灣，民國五十三年十一月二十日出版，頁二二。

註　六　曾迺碩著：國父與臺灣的革命運動，幼獅文化事業公司出版，民國六十七年三月初版，頁五二。

註　七　蔣總統集第二集，國防研究院及中華大典編印會合作，民國五十七年三月三版，頁一五七二。

註　八　同前註。

附錄 抗戰時期收復臺灣之重要言論

蔣總裁在中國國民黨臨時全國代表大會講詞（節略）

——民國二十七年四月一日

……要說明本黨總理既定的革命的對策，先要明瞭日本帝國主義者侵略中國一貫相傳的大陸政策，日本自明治以來，早就有一貫的大陸侵略計劃，過去甲午之戰，他侵佔我們的臺灣和琉球；日俄戰後，吞併了朝鮮，侵奪我們旅順和大連，就已完成了他大陸政策的初步；他就以臺灣為南進的根據地，想從此侵略我們華南和華東；而以朝鮮和旅大為他北進的根據地，由此進攻我們滿蒙和華北，要想以長蛇封豕的姿勢從大陸與海洋兩方面來完成他包圍中國、滅亡中國、獨霸東亞的野心。這種野心，我們只要看從前田中對滿蒙積極政策的奏章，以及日本最近侵華北和華南的事實，就可以完全明白。他既然定下了這個政策，處心積慮要來滅亡我們國家，我們總理在世的時候，早就看穿了日本這個野心，和中國所處地位的危險，也爲本黨定下一個革命的對策，就是要「恢復高臺，鞏固中華」，以垂示於全黨同志。因爲高麗（朝鮮）原來是我們的屬國，臺灣是我們中國的領土，在地勢上說，都是我們中國安危存亡所關的生命線，中國要講求眞正的國防，要維護東亞永久的和平，斷不能讓高麗和臺灣掌握在日本帝國主義者之手。中國幾千年來是領袖東亞的國家，保障東亞民族樹立東亞和平是中國義不容辭的責任。爲要達成我們國民革命的使命，遏止野心國家擾亂東亞的企圖，必須針對著日本積極侵略的陰謀，以解放高麗臺灣的人民爲我們的職志，這是總理生前所常常對一般同志講的。總理的意思，以爲我們必須使高臺的同胞能夠恢復獨立和自由，纔能夠鞏固中華民國的國防，奠定東亞和平的基礎。……

（錄自總統蔣公思想言論總集，卷十五「演講」，頁一八六——一八七）

國民政府對日宣戰文

——中華民國三十年十二月九日

日本軍閥夙以征服亞洲，並獨霸太平洋爲其國策，數年以來，中國不顧一切犧牲，繼續抗戰，其目的不僅所以保衛中國之獨立生存，實欲打破日本之侵略野心，維護國際公法、正義及人類福利與世界和平，此中國政府屢經聲明者。

中國為酷愛和平之民族，過去四年餘之神聖抗戰，原期侵略者之日本於遭受實際之懲創後，終能反省。在此時期，各友邦亦極端忍耐，冀其悔禍，俾全太平洋之和平，得以維持。不料殘暴成性之日本，執迷不悟，且更悍然向英美諸友邦開釁，擴大其戰爭侵略行動，甘為破壞全人類和平與正義之戎首，逞其侵略無厭之野心，舉凡尊重信義之國家，咸屬忍無可忍。茲特正式對日宣戰，昭告中外，所有一切條約協定合同，有涉及中日間之關係者，一律廢止，特此布告。中華民國三十年十二月九日，主席林森。

（錄自中華民國史畫，第二冊）

外交部長宋子文在重慶國際宣傳處記者招待會答問

——民國三十一年十一月三日

問：宋部長十月十日在美國發表重要演說，主張及時產生集體安全新機構。此種意見現在進行如何？

答：本人以為盟國乘此同舟共濟之際，成立此種機構，解決各種問題甚為重要，當時發表此主張，各方對此極注意，預料此問題距實現日期或不在遠。

問：宋部長對於統一指揮問題，有何見示？

答：此爲盟國必然要採取之步驟，本人以爲此問題之實現，乃爲遲早事宜。

問：如果集體安全新機構成功後，我國方面有無具體計畫？

答：盟國中，不但中國方面應有此具體計畫，即任何一盟國亦必有此意見提出，蓋此問題甚爲重要也。

問：戰後之我國，在領土方面是恢復到九一八以前之狀態？抑恢復甲午以前之狀態？

答：中國應收回東北四省、臺灣及琉球，朝鮮必須獨立。美國方面有一流行口號，即「日本爲日本人之日本」，其意在指日本所侵據之地均應交還原主。

問：宋部長是否有英國之行？

答：稍緩時日，或往一行。

問：美英放棄治外法權之談判，是否皆在中國舉行？

答：此關乎技術問題，在何地舉行並無區別。

問：國際運輸最近有無制定有效計畫？

答：此乃爲最困難之問題，同時也是人事問題。負責者現在極力調整改革，必有效果。

問：宋部長離開華盛頓時，觀察美國各方意見，對於同盟國之反攻係先在歐？抑在亞洲？

答：以本人觀察，即擊敗德國主要必爲陸軍，擊敗日本主要必爲海軍，美國有力量同時打擊兩面敵人，故並無先後之別。

問：據傳說我政府在最近二年內將不再向美國舉債，其眞象如何？

答：目前似無借款之必要。

問：美英宣布廢棄在華治外法權以後，英國有一議員曾稱香港不在談判範圍以內。宋部長對此問題意見如何？

答：在舉行談判時一切問題，關係國家均有保守秘密之義務，恕本人不能答覆。

問：宋部長返國後之感想如何？

答：本人回國爲時祇一週，僅就耳目所及者，已覺全國上下俱充滿苦幹精神，至使本人興奮不置。

問：印度問題如此僵下去，對中國有無影響？

答：本人對印度問題，不願發表意見。

問：請宋部長將美國戰時生產情形略示一二。

答：美國戰時生產，正在突飛猛進中，產量之大，至足驚人。曾憶三十年前本人留學美國時，美國一年預算爲十萬萬元，當時已認爲極大數目。但是今年一年之預算數已達一百倍的十萬萬元。美國目前各工廠以及一切一切之生產，均爲作戰。美國陸海軍力量之進展，亦至足驚人。現在陸海軍已達七八百萬，此後且猛爲增加，故美國軍隊當爲最強大之軍隊，亦爲最有朝氣之軍隊。美國過去在非律賓威克島及中途島之作戰精神，至使人欽敬。尚憶中途島一役，日本當時有多數軍艦，美轟炸機擬前往攻擊，但必須有戰鬥機保護，否則必犧牲無疑。當此轟炸機到達時，戰鬥機尚未到達，情勢至爲危急，但美健兒並不因此而作偷生之計，如單獨進攻，以致十八架轟炸機均作英勇之犧牲，除一戰鬥員得生還外，餘皆罹難。但敵艦遭此轟炸後，陣形即形紊亂，第二批美機羣到達時，曾予以最猛烈之轟炸，敵艦被擊沉者計達四五艘。美國此種作戰之精神，實不遜於任何國家。我想美國海陸空軍實大有可爲。雖有人以爲美國人慣於享樂，不肯吃苦，然在作戰時美國人所表現之英勇精神，至足使人欽佩。

問：我國今日財政經濟問題已與軍事問題同等重要，請問美國看法如何？

答：美國上下對我財政問題亦極爲關切。

問：戰後盟國經濟將走上何種路線？

答：必然將要走上總理的民生主義路線。

問：美國人民戰時負擔情形如何？

答：英人所納所得稅之重已出乎想像之外，例如每年每人收入二十萬鎊者，須納十九萬五千鎊。將來美國人民之擔負亦將如此云。

註：按宋子文部長係於三十一年十一月一日接任外交部長職務，記者招待會首由董顯光介紹各記者與宋部長相見。

（錄自民國三十一年十一月四日重慶「中央日報」）

蔣總裁手著「中國之命運」（節略）

——民國三十二年三月發表

……以國防的需要而論，上述的完整山河系統，如有一個區域受異族的佔據，則全民族全國家，即失其自衛上天然的屏障。河淮江漢之間，無一處可以作鞏固的邊防，所以臺灣、澎湖、東北四省、內外蒙古、新疆、西藏無一處不是保衛民族生存的要塞。這些地方的割裂，即爲中國國防的撤除。更中立國的資源來說，東北的煤鐵與農產，西北的馬匹與羊毛，東南的鋼鐵，西南的鎢錫，無一種不是保衛民族生存的要素。這些資源的喪失，亦即爲國基的毀損。

至於各宗族歷史上共同的命運之造成，則由於我們中國固有的德性，足以維繫各宗族內向的感情，足以感化各宗族固有的特性。四鄰的「朝貢」，中國常答以優厚的賜與，從沒有經濟侵略的企圖。四鄰的戰爭，中國常保持「繼絕世，擧廢國」的大義，從沒有乘人之危以併呑其領土的政策。所以四鄰各宗族，其入據中原部分，則感受同化。其和平相處的部分，則由朝貢而藩屬，由藩屬而自治，各以其生活的需要與文化的程度爲準衡。並且每一藩屬內附與同化的過程，常各有長期的歷史。即如蒙古，由周代的玁狁，秦漢的匈奴，已開內附與同化之端。自此以後，突厥之在初唐，契丹之在晚唐與兩宋，蒙古之在明清，皆迭有內附與同化的歷史。新疆則春秋時代，秦國稱霸西戎，繼之以漢代之通西域，唐代之定天山，而成之以元清兩代的開拓。這兩個區域，歸化中國的期間，皆綿亙至二千餘年之久。西藏則自吐藩改宗佛教，內向隋唐以來，元代則隸於宣政院，清代則隸於理藩院，其向化亦超過一千三百年以上。至於東北，則比其他邊區之內向更早，肅愼的內附，始於周代。漢族的開發，盛於兩漢。中經隋唐宋元明，都是漢族與東胡共存的區域。迄於清代，則農工商業的經營，更全賴漢族的努力，即滿族亦同化於中華民族之中。臺灣、澎湖列島本是漢人開發的區域，屹峙東南，久爲我們中國的屛藩，迄至明末，乃爲荷蘭人所侵據，而終爲我鄭成功所收復，其事蹟眞可歌可泣。中國對於中南半島各宗族關係更深。存亡繼絕的義師，濟弱扶傾的戰役，眞可謂「史不絕書」。總之，中國五千年的歷史，即爲各宗族共同的命運的記錄。此共同之記錄，構成了各宗族融合爲中華民族，更由中華民族，爲共禦外侮以保障其生存而造成中國國家悠久的歷史。
……………

何以說天津條約是這一個時期裏面的一個關鍵呢？南京條約訂立之後，列強在不平等條約之下，對中國通商，以廣州一口爲最繁盛；帝國主義者在中國經濟上思想上的影響，以兩廣爲最深，民衆的反響，亦以兩廣爲最烈。廣州的民衆，反抗開關商埠，反抗外輪進口，情緒至爲激昂。南京條約訂立後九年，爲道光三十年（西曆一八五〇年），洪秀全就在廣西的金田起事，由廣西發展到長江流域，幾至於顚覆滿清。正在這個時期，英法聯軍，襲擊廣州，攻略天津、進擾北平。清室昏憒，在聯軍強制之下，而訂立了這個天津條約。在此以前，清廷對外來的壓迫，一本其傳統的自大心理，藐視外國，以反抗洋人爲惟一的外交政策。但是到了這個時期，清廷在國內民族革命，與列強的壓迫之間，加以權量，乃漸趨媚外，於是與列強所訂的條約，多已含有自動讓與的作用在內。而漢族的士大夫對於列強的認識，於此也有重大的變遷。在此以前，他們對於列強抱有自大的心理，亦與清廷相同。到了此時，其大多數還浮誇蒙昧之中，鄙視洋務，不值一顧。而其一部分人士看出了西洋槍砲輪船的厲害，漸懷戒懼之心。乃主張模仿西洋，盛倡「格致」。當時平定太平天國的曾（國藩）、左（宗棠）、李（鴻章）等就是此後清廷新政的先驅。然而所謂洋務，初不過設工廠來彷造西洋槍砲與交通的工具，設學校來教習西洋的語言文字。而通曉語言文字，既不能算是外交人才，無整個計劃之製造輪船以至修海防，築鐵路，亦不過震於西洋之「船堅砲利」，並非爲全部國防計劃與國民經濟打算。但是他們所籌的新政經費，多爲皇室任意挪移，以恣其窮奢侈之私慾。所有官員亦相率視新政爲肥缺，舞弊營私，以圖自飽，「海軍衙門」在實際上忙於頤和園的內差，「總理各國事務衙門」也成了有力的王公大臣掛名分肥的處所。到了甲午中日之戰，竟至一敗塗地。於是李鴻章奉命親自赴日本簽訂喪權辱國的「馬關條約」，又加重了一個國恥。二百餘年來滿清上下積累而成的衰風敝習，遂暴露於天下。而日本軍閥對中國的蔑視，對亞洲的野心，亦即由此而起了。

…………

自光緒二十年甲午之戰（西曆一八九四年）至八國聯軍，爲中國國際關係「第二個時期」。列強乘日寇欺我之餘，競取中國的領土爲租借地，畫分勢力範圍，或修蓋兵營，或建築軍港，或取得鐵路建築權，或取得礦山開採權。琉球、香港、臺灣、澎湖、安南、緬甸、朝鮮淪亡的慘劇，尚在眼前；領土全部瓜分的大禍，復方於眉睫。於此雪恥圖強的運動，奮起於中國國民之間。在此時期，士大夫亦漸知中國之所以衰敝，不單由砲槍輪船不如西洋，其主要的原因，在於政治的積習腐敗，而君主專制又爲政治積弊的本源。要怎樣才可以改革政治？見到這一個問題的人士，答案又各不同。惟我國父順應時代與民族的要求，主張革命，乃組織興中會於檀香山，招集同志，確定「驅除韃虜，恢復中華，建立民國，平均地權」的口號，以三民主義爲最高原則，積極進行革命。其他各黨各派都見不及此。即如康有爲就維護君權的地位，組織「保皇黨」，主張立憲，造成光緒二十四年之「戊戌政變」。戊戌政變的失敗，更激起清廷的反動。以滿洲皇族爲中心，一般保守派士大夫，諱談洋務，排斥新政。其愚昧頑固者，竟以符咒抵抗列強的武器，提倡愚民惑衆的所謂「義和團」，以招致光緒二十六年八國聯軍（西曆一九〇〇年）與光緒二十七年辛丑和約（西曆一九〇一年）的國恥。

綜觀這個時期的不平等條約之中，中日馬關條約，實爲改變中日過去平等關係爲不平等關係的樞紐。這個時期的特點，則爲滿清與列強之間的各租借地的租約，各鐵路借款合同，列強單獨發表有關於「勢力範圍」的宣言，以及列強彼此之間訂立有關「勢力範圍」的條約。……

（錄自總統蔣公思想言論總集，卷四「專著」，頁五—六、一二—一三、一八）

外交部長宋子文在倫敦接見新聞界發表談話電文二則

——民國三十二年八月四日

㈠（中央社倫敦四日路透電）中國外長宋子文今日在倫敦接見新聞界發表談話稱：中國期望於日本失敗後，收回東北與臺灣。朝鮮則應成爲獨立國。中國人民認爲最近英美放棄在華特權，爲今後其國家（指中國）不至再受他人之要求有所讓步之謂，而認爲其國家在將來將認與世界他國立於平等地位。就經濟方面言，中國因缺乏港口與運輸而受阻礙，但自由中國境內並無眞正饑餓現象。日本正搶奪佔領區內之米，故其中有若干地域今日已遇災荒。中國政府爲解決財政問題計，在賦稅方面有實施徵實者，而非徵收現款。軍事方面，日軍已較過去其侵華之純現役軍隊爲劣。

㈡（中央社倫敦四日專電）宋外長今日接見報界論及我國對外關係時稱：中國但求收復失土，而決無領土野心，中國對越南及對亞洲東南部其他國家之關係，亦係以聯合國家一分子之地位出之。中國願其海外僑民獲得最惠國之待遇，吾人不作特別利益之要求，而僅欲最惠國之待遇而已。中國但求收全部失土，並望朝鮮獨立，希望日本政府爲民主政府，蓋日本倘受其他方式政府之統治，必爲中國與世界之威脅。中國對印之經濟關係應加發展，亦必求發展。中英間更有實行最密切合作之廣泛範圍。記者有詢以中國是否對越南懷存願望者，宋外長答稱：「就歷史而論，越南之一部份過去曾受中國統治，今日越境亦尚有中國人民，但大體言之，吾人並無領土之願望。吾人對越南之關係，亦即聯合國家一份子對越之關係也」。外長謂我國與聯合國家在戰後大可合作，我國政府與人民將以全力進行戰後建設。政府對於輕重工業建設有極大計劃，而此偉大之發展自需外來之技術與資金之協助。然而吾人不論是否獲得外援，俱須進行工業建設，一切以平等爲基礎之協助，均所歡迎。但日本之協助自非吾人之所歡迎者。宋外長最後稱：林故主席淡泊明志，爲我全國人民所愛戴。林主席之逝世並不影響中國之政局，蓋故主席之地位，一若法國之總統，而非如美國之總統也。

（錄自民國三十二年八月五日重慶「中央日報」）

蔣總裁在抗戰勝利後主持中央常會、國防最高委員聯席會講詞（節略）

——民國三十四年八月二十四日

……我們國民革命之目的，有兩方面：對外一方面在求國家的獨立解放，對內一方面在求國內各民族的平等自由。五十年來，日本帝國主義對我國的侵略日深一日，迫不及待，因之，國民革命運動的重點，應先集中於團結國內各民族的力量，共禦外侮以完成整個國家的解放和獨立的一點上。而我們國民革命最重大的目標，和最迫切的工作乃有三點：第一、首先要恢復東三省的領土主權及其行政之完整；第二、要收復我們臺灣和澎湖的失土；第三、就要恢復高麗的獨立自由。因爲高麗不能得到獨立自由，臺灣不能回到祖國懷抱，東三省的領土、主權與行政不能完整，則國家的獨立自由就無從談起，而抗戰的目的亦無由達成，此爲我國父創造革命的傳統政策，亦爲國民革命始終一貫奮鬥的目標，就是此次對日抗戰的最大關鍵，在此期間，我們惟有團結國內各民族，共同奮鬥，以完成這三個重大任務，而後國家纔可以說是獨立，國內各民族的平等地位，纔可以獲得確實保證，而不落空談。

現在日本帝國主義是戰敗投降了，臺灣澎湖仍歸還到了祖國的懷抱，東三省領土的恢復和主權行政的完整亦已獲得了保證，而高麗不久亦必能得到解放與自由，我們國家的獨立也樹立了堅實的基礎，於是我們民族主義對外一方面的目的，可說是已達到了完成的階段，因此我們對內一方面的任務，就是求國內各民族平等自由的工作必須確定方針，積極進行，來實現我們國民革命整個的計畫。……

（錄自總統蔣公思想言論總集，卷二十一「演講」，頁一七一）

參考書目

一、史料

國父全集，中國國民黨中央黨史史料編纂委員會編訂：該會印行，民國六十六年版。
興中會革命史料，革命文獻第六十四輯，中國國民黨中央黨史料委員會編輯，民國六十二年十二月。
林道衡主編：余清芳抗日革命案全檔（第一—四輯每輯一—二冊）。臺中、臺灣省文獻委員會印行，民國六十三年六月版。
林道衡主編，日據下之臺政（第一—三冊）。臺中、臺灣省文獻委員會印行，民國六十六年四月十一日修正版。
洪敏麟主編：雲林，六甲等抗日事件關係檔案（全一冊）。臺中、臺灣省文獻委員會印行，民國六十七年十二月。
莊金德、賀嗣章編譯：羅福星抗日革命案全檔（全一冊）。臺中、臺灣省文獻委員會印行，民國六十六年四月十日修正出版。

軍事委員會總政治部臺灣義勇隊名冊，國防部史政局藏。新生報編，臺灣年鑑，民國三十六年版。

臺灣省文獻委員會編：臺灣省通志（卷三）政事志—司法篇（第一冊），（卷九）革命志—抗日篇（全一冊）。臺中，該會印行，民國五十九年六月三十日、六十年六月三十日分別出版。

臺灣革命同盟會會章，油印件，中央黨史會藏。

蔣總統思想言論集—書告，㈡演講，蔣總統思想言集編輯委員會編，中央文物供應社印行，民國五十五年十月三十一日出版。

臺灣前期武裝抗日運動有關檔案，臺灣省文獻委員會，臺中，民國六十六年。

羅家倫編：國父年譜，中國國民黨中央黨史史料編纂委員會出版，民國五十八年十一月增訂本。

教育部主編：中華民國建國史（第一—二篇），國立編輯館出版，民國七十四年四月。

中華民國各界紀念國父百年誕辰籌備委員會學術論著編纂委員會編，國民革命史（全一冊），該會出版，民國六十九年十月再版。

張瑞成編：臺籍志士在祖國的復臺努力，中國國民黨黨史會出版，近代中國發行，民國七十九年。
張瑞成編：抗戰時期收復臺灣之重要言論，臺北市，中國國民黨黨史會出版，近代中國發行，民國七十九年。
李抗和主編：血淚抗日五十年，鄉村出版社，民國六十九年五月二十日。

二、專　著

大森八景坂著，周憲文譯：日本帝國主義下之臺灣（原東京一九二九年出版）臺灣銀行印行，民國五十三年十二月。
方豪著：臺灣民族運動史。正中書局，民國四十年六月臺初版。
尹章義著：臺灣近代史論。臺北，自立晚報，民國七十七年一月三版。
王曉波著：臺灣史與近代中國民族運動，臺北：帕米爾書店，民國七十五年十一月初版。
王曉波編：臺灣殖民地傷痕。臺北，帕米爾書店，民國七十四年八月第一版。
王曉波編：臺胞抗日文獻選編。臺北，帕米爾書店，民國七十六夫六月再版。
王曉波著：被顛倒的臺灣歷史。臺北，帕米爾書店，民國七十五年十一月。

王曉波著：臺灣史與臺灣人。臺北，東大圖書公司印行，民國七十七年十二月。
王詩琅譯：日本殖民地體制下的臺灣。臺中，衆文圖書公司印行，民國六十九年十二月初版。
王詩琅譯：臺灣社會運動史—文化運動。臺北，稻香出版社，一八九七年六月第一版。
印家文著：臺灣民間風俗與信仰，臺中，臺灣省新聞處印行，民國七十六年十月出版。
古屋奎二編著：日本產經新聞發表，蔣總統秘錄（第六冊），中央日報譯印，民國六十四年三月二十九日初版。
古亭書屋編纂：臺灣三百年史，衆文圖書公司出版，民國七十年十二月再版。
史明撰：臺灣四百年史，自由時代週刊社，出版日期不詳。
矢內原忠雄著：陳茂源譯，日本帝國主義下之臺灣（全一冊）。臺中，臺灣省文獻委員會印行，民國六十六年四月修正版。
江炳成著：古往今來話臺灣。臺北，幼獅文化事業公司，民國七十三年十一月三版。
朱傳譽編：中國國民黨與臺灣（畫刊）。臺北，中國國民黨中央委員會黨史會出版。民國五十三年十一月。
李雲漢著：國民革命與臺灣光復的歷史淵源，臺北，幼獅文化事業公司發行，民國六十九年七月三版。
李能棋著：結義西來庵—噍吧哖事件。臺北，近代中國出版社，民國六十六年十月二十五日初版。
李榮華著：八年亢戰勝利之研究，黃埔出版社，民國六十四年三月初版。
杜元載編：革命先烈先賢爲黨犧牲奮鬥事烈（第一冊），臺北，中央文物供應社印，民國六十年十一月出版。
杜聰明著，張玉法、張瑞德主編：回憶錄（第一輯上下冊）。臺北，文龍出版社股份有限公司印，民國七十八年六月十五日初版。
何應欽著：八年抗戰與臺灣光復。臺灣彩色製版印刷服務中心，民國三十九年十月十日四版。
何聯奎、衛惠林編著：臺灣風土誌。台灣中華書局印行，民國六十七年七月臺出版。
宋念慈編：日據時期臺灣革命事略，臺北，中央文物供應社印，民國四十五年一月出版。
林熊祥著：臺灣史略，臺北，青年出版社，民國六十二年四月出版。
林崇智編：臺灣抗日忠烈錄（第一輯）。臺中，臺灣省文獻委員會印，民國五十四年出版。
林衡道口述、鄭木金記錄：臺灣史蹟源流。臺北，青年日報印，民國七十六年二月出版。

林衡道著：臺灣開拓史話。臺北，青文出版社印，民國六十五年二月初版。
林曜編：民族精神在臺灣。彰化，彰化社會教育館印，民國六十四三月修正版。
柯惠珠著：日據初期臺灣地區武裝抗日運動之研究。高雄，前程出版社，民國七十六年四月初版。
侯錫麟著：大陸與臺灣，臺北，建國出版社，民國四十九年五月出版。
馬銳壽著：臺灣史（全一冊）（自刊本），民國三十八年九月。
連橫著：臺灣通史，臺北，幼獅文化事業公司印行，民國六十八年八月四版。
連温卿著：臺灣政治運動史。臺北，稻香出版社，民國七十七年十月。
國立歷史博物館編：中華民族在臺灣。臺北，該館印行，民國六十一年七月初版。
梁舒里選輯：臺灣抗日革命史略。臺中，自行出版社印，民國六十一年十二月。
教育部社教司選輯：歷史人物故事。臺北，正中書局印，民國六十四年臺三版。
高越夫著：中華民國大事記要，臺北，中外圖書出版社，民國六十年十一月再版。
高賢治編：臺灣三百年史，衆文圖書公司印行，民國七十年十二月再版。
陳三井著：國民革命與臺灣。臺北，近代中國出版社，民國六十九年十月二十日初版。
陳三井著：臺灣近代史實與人物。臺北，臺灣商務印書館印，民國七十七年七月初版。

陳奇祿等合著：中國的臺灣。臺北，中央文物供應社，民國六十九年十一月出版。
陳澤著：臺灣先賢先烈專輯（第二輯），余清芳傳。臺中，臺灣省文獻委員會印，民國六十七年六月出版。
陳冠學著：老臺灣，臺中：東大圖書有限公司，民國七十年九月初版。
曹永和著：臺灣早期歷史研究，臺北，聯經出版事業公司，民國七十年六月初版。
張炎憲編：歷史文化與臺灣（上下冊）。台灣風物雜誌社印行，民國七十七年十月版。
商哲明著：臺灣同胞與日本人。臺北，星光出版社，民國七十六年四月初版。
黃朝琴等著：國民革命與臺灣。臺北，中華文化出版事業委員會，民國四十四年九月。
黃大受著：臺灣史綱。臺北，三民書局印，民國七十一年十月初版。
黃大受著：臺灣史要略。臺北，大中國圖書公司，民國六十六年十月版。
黃大受著：臺灣的根。臺北，中央文物供應社印行，民國六十九年九月出版。
黃富三、曹永和主編：臺灣論叢，臺北，衆文圖書公司印行，民國六十九年四月初版。
馮作民著：臺灣史百講，臺北，國語日報社印行，民國六十九年十月第五版。
曾石碩著：國父與臺灣的革命運動，臺北，幼獅文化事業公司，民國六十七年三月出版。
程大學著：臺灣開發史。臺中，臺灣省政府新聞處發行，民國七十五年十月再版。

喜安幸夫著：臺灣抗日秘史。臺北，武陵出版社，民國七十三年元月初版。
喜安幸夫著：日本統治臺灣秘史。臺北，武陵出版社，民國七十三年一月初版。
喜安幸夫著：臺灣志士抗日秘史。臺北，聚珍書局，民國七十一年十一月初版。
漢人著：臺灣革命史（全一冊）。臺北，文海出版有限公司，民國四十二年出版。
楊碧川著：簡明臺灣史。高雄，第一出版社，民國七十六年十一月初版。
楊碧川著：臺灣人反抗史。臺北，稻香出版社，民國七十七年十一月。
楊碧川著：臺灣歷史年表。臺北，自立晚報出版部，民國七十七年六月。
劉寧顏編：臺灣史蹟源流，臺中，臺灣省文獻委員會印行，民國七十年十一月出版。
程村保之郎著：臺灣小史，東京，日本出版配給株式社會，昭和二十年一月二十五日出版。
臺灣省文獻委員會編，臺灣史，衆文圖書公司印行，民國七十年十二月再版。
臺灣史蹟研究會彙編：臺灣叢談，臺北，幼獅文化事業公司印行，民國六十七年十月再版。
臺灣總督府編：臺灣匪誌。（臺灣省文獻會藏）
臺灣總督府編：臺灣匪亂小史。（臺灣省文獻會藏）
賴淮著：臺灣與大陸。臺北，陽明出版社，民國五十三年三月初版。
賴永祥著：臺灣史研究—初集。臺中，三民書局有限公司，民國五十九年十月初版。

蔣君章著：臺海風雲人物。臺北，中外圖書，民國六十四年十二月初版。
蔣君章著：臺灣歷史概要。臺北，中外圖書出版社，民國六十年十一月再版。
蔣子駿著：羅福星與臺灣抗日革命運動之研究。鳳山，黃埔出版社，民國七十年十二月出版。
蔣子駿著：辛亥革命與臺灣早期抗日運動，文史哲出版社印行，民國七十九年二月初版。
謝東閔著。國民革命與臺灣。臺北，中央文物供應社，民國六十九年五月出版。
蔡培火等著：臺灣民族運動史。臺北，自立晚報印，民國七十二年十月。
羅秋昭著：羅福星傳。臺北，黎明文化事業公司印，民國六十三年二月初版。
羅秋昭著：大湖英烈—羅福星傳。臺北，近代中國出版社印行，民國六十七年八月三十一日出版。
魏紹徵編：國民革命與臺灣。臺北，中央文物供應社，民國四十五年八月。
吳濁流著：黎明は前の臺灣：殖民地かるの告發。東京社會思想社，一九六一年。
吳濁流著：るシるの孤兒：日本統治下の臺灣。東京新人物往來社，昭和四十八年。
臺灣同化會編：臺灣同化會す對る名士所惑。東京，臺灣同化會，出版年月不詳。
泉風浪著：臺灣の民族運動。臺中，臺灣圖書印刷合資會社，昭和三年。

宮川次郎著：臺灣の政治運動。臺北，臺灣實業界社，昭和六年。
宮川次郎著：臺灣の社會運動。臺北，臺灣實業界社，昭和四年。
許世楷著：日本統治下の臺灣—抵抗之彈壓。東京大學，一九七〇年版。
″Japanese Colonial Edcation in Taiwan″ Turumi E [Harvard N].
″Advice For Japan As Asian Neifhbor″ University Dec 1982.
″The Japanese and Sunyat-Sen″ Marius B [Harvard University Press Mass 1954].
″The Taiwan Literuticand Early Japanese Rule (1895-1915 Lamley T. I University of Washington.

三、論　文

王成聖撰：羅福星與烈女張佑妹，傳記精華（第四集），中外圖書出版社，民國六十二年三月出版。
王曉波撰：三月三日斷腸人，中國時報，民國六十七年三月三日，第十二版。
王一剛撰：日據初期的習俗改良運動，臺北文化，九卷二三期，民國四十九年十一月。
王詩琅撰：日據初期的懷柔政策，臺北文物，十卷一期，民國五十年三月。

王詩琅撰：日據初期的籠絡政策。臺灣文獻，二六卷四期，民國六十五年三月。
中華日報（第三版—社論），中國國民黨與臺灣。民國七十七年十一月二十三日。
李雲漢撰：國民革命與臺灣，中央日報（第十四版），民國七十年十月二十五日。
沈覲鼎撰：日本治臺苛政眞相概述，傳記文學（第四十六卷第五期），民國七十四年五月一日。
林朵兒撰：保臺抗日培養革命志士的—丘逢甲，中央日報（第十一版）民國六十七年十一月二十一日。
吳思珩撰：國民革命與臺灣。臺灣文獻，第二十六卷第四期，第二十七卷第一期合刊，民國六十五年三月。
柯惠珠撰：辛亥革命與臺灣。博愛雜誌（第七卷第五期）民國七十五年十一月一日。
連曉青撰：苗栗革命事件的初步檢討。文獻專利第二卷第三、四期，民國四十年十一月。
連戰撰：國民革命與臺灣，近代中國，民國六十六年九月三十日。
曹景雲撰：國父與臺灣。中央日報（第十版）民國七十年二月二日。
莊政撰：國父與臺灣，中央日報（第十一版），民國六十九年三月十六—十七日。
莊政撰：臺灣同胞對　國父的懷念，中央日報（第五版）民國七十四年三月十日。

莊德撰：余清芳革命殉難烈士名錄。南瀛文獻，第四卷下期，民國七十四年六月。
黃玉齋撰：臺灣抗日史論麟爪。臺北文物季刊，第六卷第二期，民國四十六年十月。
曾石碩撰：李阿齊領導之抗日運動。南瀛文獻，第四卷下期，民國四十七年六月。
曾石碩撰：民初臺灣的恢復運動。近代中國雙月刊，民國六十九年十月三十日。
黃純青撰： 國父與臺灣。新生報特刊，民國三十九年十月一日。
黃季陸撰：有關臺灣與中國革命史料。傳記文學，第十一卷第五期。
葉炳輝撰：杜聰明博士傳。國語日報—書和人，民國五十四年六月。
廖漢臣撰：興中會臺灣分會與容祺年。臺北文物（第四卷第三期），民國四十四年十一月。
陳三井撰：臺灣與大陸一體的關係。中央日報（第十一版），民國六十七年十月二十四日。
陳三井撰：羅福星與中國革命。中央日報（第五版），民國七十一年二月七日。
陳三井撰：羅福星暨臺灣志士與辛亥革命。傳記文學，（第三十八卷第四期），民國七十年四月。
郭嘉雄撰：日據時期臺灣法制之演變歷程及其性質。臺灣文獻（第二十五卷第三期）民國六十三年九月。
許漢昇撰：噍吧哖慘史不能忘。中華日報（第七版），民國七十七年十月二十四日。

曾石碩撰：興中會臺灣支會史實。（上下篇），文藝復興，第六三、六四期，民國六十四年六、七月。
黃季陸撰：中國國民黨與臺灣。中央日報（第十一版），民國五十八年十一月二十四日。
黃得時口述，沈湘燕；黃捷榕整理：日據時代的那道窄門。中央日報（第十七版）民國七十七年八月二日。
黃得時演講、李仲秋記錄：臺胞的抗日與民族文化的維護。新生報（第七版），民國七十六年八月二十四—二十五日。
陳三井撰：革命先進與臺灣。中央日報（第十版），民國六十六年十月二十三—二十五日。
覃怡輝著：羅福星抗日革命事件研究，中央研究院—三民主義研究所叢刊⑹，民國七十年九月。
蔣君章撰：臺灣革命先烈—羅福星。傳記文學（第三集），民國六十三年四月。
蔣君章撰：從血緣看臺灣與大陸，中央日報（第十五版），民國七十年十日二十五日。
蔣子駿撰：革命先烈—羅福星。博愛雜誌（第七卷第五期），民國七十三年九月一日。
蔣子駿撰：日據臺灣時代—西來庵抗日事件。博愛雜誌，（第九卷第三期）民國七十五年五月一日。

蔣子駿撰：臺灣與大陸的血緣關係。黃埔出版社，（第四四八期）民國七十八年八月十六日。

蔣子駿撰：臺灣與大陸的地緣關係。黃埔出版社，（第四五〇期）民國七十八年十月十六日。

蔣子駿撰：臺灣與大陸的歷史關係。黃埔出版社，（第四五三期）民國七十九年元月十六日。

蔣子駿撰：臺灣與大陸的文化關係。黃埔出版社（第四五六期）民國七十九年四月十六日。

蔣子駿撰：先總統　蔣公與臺灣之命運（黃埔學報——第二十輯）黃埔出版社編印，民國七十七年六月十二日。

蔣子駿撰：日據時代臺灣同胞爲何反抗（黃埔學報——二十四輯）黃埔出版社編印，民國八十一年十二月三十日。

蔡棟雄撰：大醫師杜聰明傳奇（第四十卷第四期），民國七十八年十月。

羅秋昭撰：臺灣黃花岡。中央日報（第十版），民國六十八年三月七日。

羅秋昭撰：謝家兄弟。中央日報（第十版），民國六十八年五月二十七日。

羅秋昭撰：革命良醫江亮能。中央日報（第十版），民國六十八年六月二日。

羅秋昭撰：抗日先烈—羅福星。近代中國（第十九期），民國六十九年十月三十日。
羅秋昭撰：革命同窗葉紹安（羅福星抗日革命事蹟志趣）。聯合報（第二十二版），民國七十一年四月六日。